EL FIN DE UNA ERA
TURBULENCIAS EN LA GLOBALIZACIÓN

COLECCIÓN
GEOPOLÍTICA Y DOMINACIÓN

EL FIN DE UNA ERA
TURBULENCIAS EN LA GLOBALIZACIÓN

Alfredo Jalife-Rahme

Portada de Rodolfo Sánchez

Primera edición, 2007
D.R. © Libros del Zorzal
Buenos Aires, Argentina

Primera edición actualizada, 2010
D.R. © Grupo Editor Orfila Valentini, S.A. de C.V.
Av. Río Mixcoac núm. 25 Piso 11-A
Colonia Crédito Constructor
Delegación Benito Juárez
C.P. 03940 México, D. F.
info@orfilavalentini.com.mx
www.orfilavalentini.com.mx

ISBN 978-607-7521-04-4

Se prohíbe la reproducción total o parcial de esta obra
por cualquier medio —electrónico o mecánico—, incluida la portada,
sin contar con la autorización por escrito del editor.

Impreso bajo demanda gestionado por Bibliomanager

ÍNDICE

Introducción 9
I. Geoestrategia: hacia la hexapolaridad
   1. Dinámica vertiginosa del orden hexapolar 11
   2. La Organización de Cooperación de Shanghai (ocs):
      nuevo polo de poder euroasiático 13
   3. La decadencia de Estados Unidos 16
   4. Del "RIC" al "BRIC": la transformación del mundo 22
   5. El mundo cambió en el Cáucaso 25
   6. La guerra fría energética del siglo XXI 28
   7. Las guerras de Obama, Ambrose
      Evans-Pritchard y Robert Gates 31
   8. El "despertar político global", según Brzezinski 34
   9. *Tsunami* financiero: fase de la dislocación
      geopolítica global 38
   10. Estados Unidos-China: ¿la relación bilateral
      más importante del siglo XXI? 41
   11. China decreta el "fin de la hegemonía
      de Estados Unidos y el inicio multipolar global" 44
   12. El empequeñecimiento de Estados Unidos
      y el nuevo orden tripolar según Parag Khanna 47
   13. Brzezinski: del G-20 al G-2 para "cambiar al mundo" ... 50
   14. Obama frente a la nueva multipolaridad
      de Latinoamérica 54

II. Caos de la geoeconomía y las geofinanzas
   1. *Efecto Islandia:* hacia la sequía crediticia global 59
   2. La quiebra financiera de Estados Unidos,
      según Kotlikoff y la Reserva Federal de St. Louis 61
   3. Fecha de la muerte del capitalismo global:
      14 de marzo de 2008 63
   4. "Sodoma y Gomorra" de las finanzas anglosajonas 66

5. ¿Recesión global, *crash* del dólar e incumplimiento
   de pagos en Estados Unidos? 69
6. ¿Estados Unidos declara la guerra
   financiera al mundo? 73
7. ¿Próxima bancarrota de Estados Unidos
   y su "nuevo dólar"? 76
8. G-20: hegemonía del dólar sin tocar 79
9. Vaticinan extinción del dólar y balcanización
   de Estados Unidos 83
10. Hacia el nuevo orden financiero global:
    ¿bipolaridad del dólar y el yuan? 86
11. Sobrevive el viejo orden financiero del dólar 89
12. "Post G-20": lucha a muerte entre el dólar y el oro 92
13. Brasil y China desechan al dólar 96

III. Turbulencias en la globalización
   1. ¿Qué es la globalización? 101
   2. Rotundo fracaso neoliberal en Latinoamérica 105
   3. Nuevo orden petrolero mundial:
      trasnacionales *vs.* Estados 107
   4. El cáncer bancario monetarista y su metástasis global ... 110
   5. Se desploman los bancos neoliberales 113
   6. ¿Renacionalización total de Petrobras? 116
   7. El declive de Estados Unidos y el fracaso
      de su globalización, según *Der Spiegel* 119
   8. ¡Estados Unidos sin contabilidad! 122
   9. Estados Unidos: la mayor nacionalización
      bancaria de la historia 125
   10. Banca de Estados Unidos: "día del juicio final"
       y su "establo de Augías" 128
   11. El Consejo de Inteligencia Nacional (NIC)
       admite el fin del dólar y la globalización 131
   12. ¿Empezó la desglobalización? 134
   13. Las exequias del neoliberalismo global 137
   14. ¿Qué sigue a la bancarrota del capitalismo
       neoliberal, según Hobsbawm? 140

INTRODUCCIÓN

Nuestro mundo evidencia desde hace algunos años una serie de cambios estructurales cuyo alcance habrá de sentirse por generaciones. Podríamos decir que asistimos al fin de una era. No obstante, su modelo omnipotente de globalización financiera ya venía averiado desde años atrás: para los técnicos, desde la quiebra de la correduría LTCM en 1998; para los leguleyos, desde 2000, con el desplome bursátil del índice tecnológico Nasdaq.

Tal como lo he venido señalado desde hace varios años, la alquimia financiera manejada estupendamente por la dupla anglosajona —Estados Unidos y Gran Bretaña— que controla los mercados de la globalización desregulada, sólo podía pervivir gracias a la eventual transmutación del "oro negro" en "papelchatarra", concretamente el dólar. Un virtual triunfo militar de Estados Unidos en Irak —con el consiguiente control petrolero— hubiera prolongado la alquimia financiera otra década más. No sucedió así.

La derrota de Estados Unidos en su aventura militar en Irak, que no pocos analistas lúcidos de su *establishment* catalogan de "catástrofe", enterró el proyecto fantasioso de la unipolaridad con su política de "guerra preventiva" que pretendía cambiar los regímenes sentenciados de "enemigos" bajo el mote teológico de "Eje del mal".

En 2003, después de haber literalmente pulverizado a la antigua Mesopotamia desde los cielos, el ejército más poderoso del planeta, con sus 150 000 efectivos no pudo derrotar a 20 000 insurgentes sunnitas ni controlar sus pletóricos yacimientos petroleros. Fue justamente el año siguiente, cuando emergió lo que podríamos denominar "la ecuación del siglo XXI": declive del dólar y auge de dos binomios tangibles, el petróleo/gas y el oro/plata.

Las consecuencias geoestratégicas de la derrota militar de Estados Unidos en Irak es infinitamente superior a su descalabro en Vietnam, crisis de la que la URSS no supo sacar provecho: la dupla Nixon-Kissinger reaccionó rápido y reequilibró sus posiciones mediante tres movimientos exitosos en el tablero de ajedrez mundial: *1)* El viaje a China (seducida como nueva aliada frente a la URSS); *2)* El golpe de Estado pinochetista contra Allende en Chile (ese otro "11 de septiembre", de 1973), y *3)* Un mes más tarde, la victoria de Israel en su guerra contra los países árabes limítrofes.

Hoy, a casi cuatro décadas de esos acontecimientos, el cuadro es bien diferente. La derrota de Estados Unidos en Irak exhibe cinco consecuencias mayúsculas: *1)* se derrumba la "contención de China" —estrategia delineada en 1992 por la Guía de Política de Planificación del Pentágono bajo la firma de Paul Dundes Wolfowitz, subsecretario de Dick Cheney—; al revés de lo planeado, Beijing se asienta actualmente como una nueva potencia de primer orden; *2)* se sacude la globalización financiera, abriendo paso al proceso de desglobalización; *3)* el dólar pierde su hegemonía y desnuda la vulnerable realidad geofinanciera y geoeconómica de Estados Unidos, el único imperio deudor en la historia de la humanidad; *4)* la multipolaridad, que a nuestro juicio se expresa en un "nuevo orden hexapolar", y *5)* emerge la teocracia de los Ayatolás de Irán como la nueva potencia regional en el Golfo Pérsico: un efecto totalmente indeseable para el trío conformado por Estados Unidos, Gran Bretaña e Israel, derrotado por la "guerra asimétrica" desde la frontera china con Afganistán, pasando por los países ribereños del Golfo Pérsico, hasta la costa oriental del mar Mediterráneo.

Actualmente es más diáfano el trayecto del nuevo orden multipolar: la globalización financiera, de corte trasnacional privado, se encuentra en proceso de desintegración (o de desglobalización), mientras crece la influencia de la globalización petrolera, de corte estatal y geopolítico. ¿Se trata de una revancha de la química petrolera contra la alquimia financiera?

I. GEOESTRATEGIA: HACIA LA HEXAPOLARIDAD

1. Dinámica vertiginosa del orden hexapolar

En la fase de transición geoestratégica del planeta las seis potencias del orden hexapolar en ciernes (Estados Unidos, Unión Europea, Rusia, China, India y Brasil) entraron en una dinámica vertiginosa y muy compleja. Estados Unidos deberá enfrentarse a una multiplicidad de variables: posible desplome del dólar; caída bursátil; precios altos del petróleo, el oro y las materias primas; probable recesión con inflación y restricción crediticia (la temible estanflación); ajuste de la deslocalización de la perniciosa globalización con medidas neoproteccionistas y regulatorias; y, más que nada, la implosión de los *hedge funds* ("fondos de cobertura de riesgo"). En geoeconomía, Washington está resultando el gran perdedor frente a la Unión Europea (UE) y al ascenso irresistible del BRIC (de las siglas de Brasil, Rusia, India y China), y más aún en geopolítica, donde la otrora superpotencia unipolar se aisló del concierto mundial con su aventura en Irak.

En esta fase de transición hacia el nuevo orden hexapolar, que podría durar una generación, existen muchos claroscuros: múltiples fracturas pero también diversos intereses comunes de acuerdo al tema y a la región. Desde su formación en 1996, en pleno auge de la globalización financiera unipolar, nunca una cumbre del Asia-Europe Meeting (Asem), 39 países de Europa y Asia (alrededor de 50% del PIB mundial, casi el doble que Estados Unidos) había cobrado tanta trascendencia como la que se realizó en Hanoi en octubre de 2004. Allí, Alemania, Francia, China y Japón clamaron por el "equilibrio en las relaciones internacionales" y el presidente gaullista Jacques Chirac, en las antípodas de Samuel Huntington, llegó a fustigar el "imperialismo subcultural" y se pronunció por la "diversidad cultural" y el "diálogo de civilizaciones". Faltaba claramente la integración de Rusia, India y Pakistán para que el Asem se transformara en un foro creativo que arrojase al basurero de la historia a la inservible Asia-Pacific Economic

Cooperation (APEC), el "Foro de la Cuenca del Pacífico", un ámbito del control anglosajón.

Mientras tanto, como respuesta "a la invasión anglosajona a Irak, al alza de precio del petróleo y al nuevo escenario en la vecindad", los estrategas de India, una mediana potencia nuclear, han conformado una "nueva doctrina militar de guerra" que colocaría el control de sus misiles en manos militares (los civiles conservarían el botón nuclear) e iniciaría la costosa expansión de su armada debido a la importancia estratégica del océano Índico, la yugular marítima de la geoeconomía asiática,[1] India se interesó en comprar un portaviones ruso y en cambiar algunos de los 137 navíos de su flota, que empezaba a mostrar la corrosión del tiempo.

No ha cesado la idea del "triángulo estratégico" conformado por Rusia, India y China (concepto formulado por el anterior premier ruso Evgeny Primakov para contener el avance de la OTAN —posicionada en los Balcanes— hacia el Cáucaso y Asia Central), cuyos ministros del exterior se reunieron en Almaty (Kazajistán) el 21 de octubre de 2004. Un alto diplomático chino lo dejó claro al afirmar desde Nueva Delhi que su país deseaba "institucionalizar la cooperación trilateral entre Rusia, India y China para contribuir a la paz mundial".

Por otro lado, sin mucho ruido y con posterioridad a la relevante alianza siderúrgica entre Brasil y China, sus ministros de Defensa llegaron a firmar un acuerdo de cooperación militar y científico (octubre de 2004). Lula lanzó además una magistral ofensiva geopolítica multivectorial (sin necesidad de romper abruptamente con Estados Unidos) hacia la UE, China, Rusia, India, Sudáfrica y los países árabes (existen más libaneses en Brasil, donde conforman una comunidad de primer nivel, que en todo Líbano).

En esta transición hacia el nuevo orden hexapolar, mientras los mediocres exhiben su locuacidad, los estadistas muestran su habilidad con actos de alcances históricos. Es el caso de Rusia que, en la etapa del perspicaz *zar* Putin, juega a convertirse en el pivote geoestratégico de los otros integrantes del orden hexapolar, con quienes se da el lujo de concretar acuerdos que vibran al diapasón de su interés nacional. Consciente de representar la primera

[1] *Defense News*, 25 de octubre de 2004.

potencia gasero-petrolera del planeta, de la que tanto dependen los otros cinco, apoyó en su momento la reelección de Bush (no hay que olvidar la herida sin cicatrizar de la guerra contra Serbia emprendida por el demócrata Bill Clinton, aliado del candidato Kerry) y apuntaló, en un vuelco de 180 grados, la firma del protocolo ambiental de Kyoto para congraciarse con la UE y acelerar su ingreso a la OMC. Mientras tanto, profundizaba sus relaciones con India (que también juega a ser pivote en su muy peculiar estilo) y conseguía un acuerdo histórico sobre su frontera común de 4,370 kilómetros con China (¡después de 48 años!).

En un enfoque de corto plazo, llamó la atención que las concesiones viniesen del lado chino; pero en un enfoque de largo plazo, al que son proclives los estrategas del Lejano Oriente, China se aseguró un mejor abastecimiento de gas y petróleo, aunque no se firmó el trazado del vital oleoducto sino-ruso, quizá para no indisponer a Japón en pleno rostro. Sin embargo, suena difícil asimilar tanta concesión territorial china sin ningún ingrediente mayúsculo que no fuese la entrega segura de energéticos rusos (el talón de Aquiles de China). Por lo pronto, China se aseguró el suministro de 30 toneladas de petróleo al año por la vía ferroviaria. De esta manera, todas las jugadas del *zar* ruso en el tablero de ajedrez mundial parecen estar siempre bien sopesadas: a cambio de la condonación de la deuda de Tayikistán abrió una base militar, la segunda más importante en Asia Central, y compró la propiedad de un centro espacial de vigilancia.

2. La Organización de Cooperación de Shanghai
(OCS): nuevo polo de poder euroasiático

El británico Eric Hobsbawm, extraordinario historiador y autor del aclamado libro *La edad de los extremos*, causó revuelo en su conferencia magistral en la Universidad de Harvard en octubre de 2005. Allí comparó el imperio británico, cuya trayectoria durante el siglo XIX nadie conoce mejor, con el "presente imperio estadounidense, condenado al fracaso y a ocasionar desorden, barbarie y caos, en lugar de promover la paz".[2]

---

[2] Lev Menand, *Harvard Crimson*, 20 de octubre de 2005.

El insigne historiador británico alegó que "no existía precedente para la supremacía global que el gobierno de Estados Unidos intenta establecer", y concluyó que el "imperio estadounidense seguramente fracasará". Su conferencia, no se diga su obra descomunal, debe formar parte del acervo civilizador de las universidades del mundo y servir de consulta permanente para quien desee dedicarse a la política y a las relaciones internacionales. En especial a los interesados en medir el declive inexorable del imperio estadounidense, quizá el más pretencioso y efímero de todos los conocidos: partiendo de la desintegración de la URSS, en 1991, hasta la quiebra de la correduría de *hedge funds* LTCM, en 1998, llegando a la primavera de 2004, cuando ya fue notorio que el ejército de Estados Unidos no podía vencer a la inesperada guerrilla iraquí; momento que marcó oficialmente el inicio del fin.

Quienes seguramente han asimilado los portentosos teoremas históricos de Eric Hobsbawm son los estrategas de las grandes potencias euroasiáticas (Rusia, China e India), que desde 1998 (bombardeo de Serbia y de la embajada china en Belgrado por Estados Unidos, el famoso "error inteligente") se dieron cuenta de las verdaderas intenciones malignas de la dupla anglosajona para apoderarse primero del triángulo marítimo superestratégico conformado por el Mar Negro, el Mar Caspio y el Golfo Pérsico, y posicionarse luego en las entrañas de Asia central, con el fin de desestabilizar, mediante el uso de la "carta islámica" y el montaje hollywoodense de Al-Qaeda, al "triángulo estratégico" Rusia-China-India. No fue casual que tres años más tarde Rusia y China hayan fundado la Organización de Cooperación de Shanghai (OCS), considerada como la "OTAN del Este", y quizás el verdadero barómetro para la influencia geopolítica de la dupla anglosajona obligada a replegarse en Asia central.

La cumbre ministerial de la OCS —concluyó el 27 de octubre de 2005 en Moscú—, que por cierto no valió ni una sola línea de los multimedia globales consagrados, rebasó la contingencia inicial en asuntos de seguridad para "expandir su alcance geográfico". A juicio del centro de pensamiento Stratfor, "conforme crezca, la OCS se convertirá en una figura más autorizada en asuntos de Eurasia y del mundo". Pues sí: con sólo Rusia y China sobra y basta para poner en su lugar al más pintado, llámese Estados Unidos o Gran Bretaña. Así las cosas,

[la] ocs desarrolla dos direcciones estratégicas. Primero, crece de una organización unidimensional en materia de seguridad hacia un grupo multifuncional, que incluye colaboración política y económica; segundo, a partir de ser una organización centroasiática, se expande para incluir a Eurasia.

Habría que recordar aquí el axioma geopolítico inmutable de sir Halford McKinder, fundador del concepto de la OTAN y de la London School of Economics, quien concibió a Eurasia como el "pivote de la historia mundial", a lo que décadas más tarde se sumó Zbigniew Brzezinski, asesor de seguridad nacional del ex presidente Carter (de quien hablaremos en un capítulo posterior).

Lo cierto es que, para la mentalidad anglosajona, quien domine Eurasia controlará el mundo. Para todos los gobiernos de Washington y Londres del siglo XX e inicios del XXI, Eurasia ha constituido un asunto de vida o muerte, por lo que difícilmente Estados Unidos huirá sin presentar batalla, como reiteradamente solicitaron Rusia y China; estos dos países exigen un cronograma de retiro del ejército de Estados Unidos de Asia central, una región inmensamente rica en recursos energéticos. En definitiva, ni Rusia ni China están tranquilos con el ejército estadounidense no muy lejos de sus fronteras.

Stratfor anuncia que, en caso de que la OCS prosiga el desarrollo en términos de proyectos económicos comunes e iniciativas de seguridad, podría convertirse en un nuevo centro de poder colectivo. Esta organización no es "explícitamente anti-Estados Unidos, aunque el choque con éste es inevitable, dado que Washington lucha para mantener su presencia en Asia central". Ninguno de los miembros desea una confrontación con Estados Unidos, lo único que les preocupa es

> poner su casa en orden mientras se desarrollan al interior, como es el caso de China, que está a punto de lanzar una gran campaña social interna y de redistribución económica y no desea ser percibida formando un bloque para contrarrestar los intereses en seguridad de Estados Unidos, mientras Rusia está atareada tratando de revivir su economía y en busca de amigos en el exterior que no deseen seguir a Estados Unidos y le ayuden a volver a ganar algo (*sic*) de su preeminencia anterior.

Quizás se hagan demasiadas ilusiones los analistas de Stratfor, pero sin duda la alianza de la OCS va en el sentido opuesto al del eje Estados Unidos-Gran Bretaña y cualquier chispa puede llevar a una colisión accidental, la nueva alianza euroasiática de la OCS avanza en detrimento de los intereses geopolíticos de Estados Unidos en Asia central.

Las necesidades de las repúblicas islámicas centroasiáticas miembros de la OCS (Kazajistán, Uzbekistán, Tayikistán y Kirguizia) han hecho de la complementariedad de su política económica un imperativo geopolítico que será propulsado con la construcción de corredores energéticos y de transporte —algo así como una "nueva ruta de la seda" para el siglo XXI—. Este acuerdo fue plasmado en un ambicioso programa de cooperación económica y de comercio multilateral para los próximos 15 años que incluye plantas hidroeléctricas, mejora de las carreteras, redes de comunicación de fibra óptica, exploración de hidrocarburos y construcción de gasoductos, entre otros que forman un total de 127 proyectos.

Con cerca de un millón de millones de dólares de reservas monetarias, China se puede dar el lujo de financiar los primeros proyectos con 900 millones de dólares pagaderos a 20 años y a tasas muy bajas, además está dispuesta a entrenar a 1 500 ingenieros. Pareciera que China pretende aplicar en Asia central su versión del Plan Marshall.

Por su parte, Rusia no desea quedarse atrás y ha propuesto alianzas estratégicas de inversión con China para impulsar los proyectos de infraestructura centroasiática que redundarán en la revitalización de toda la región.

3. La decadencia de Estados Unidos

La otrora superpotencia unipolar pretendió detener su decadencia mediante el montaje hollywoodense mediático de la "guerra contra el terrorismo global", que se tradujo en el paranoide concepto del "Eje del mal" y su despliegue militarista de corte psicotecno-cibernético, creando "conmoción y pavor". Pero el tiro le salió por la culata, porque en lugar de haber manejado en forma inteligente su "decadencia controlada" lo único que consiguió fue acelerar su desplome.

I. GEOESTRATEGIA: HACIA LA HEXAPOLARIDAD

Esa es la conclusión a la que llega el historiador británico Paul Kennedy, quien ascendió a la fama mundial con su voluminoso libro —escrito un año antes de la caída del muro de Berlín— *Ascenso y caída de las grandes potencias*, en el que destaca la interacción entre la economía y la estrategia en los pasados cinco siglos. Su obra incomodó sobremanera al grupo de los Bush, al complejo militar-industrial y a los neoconservadores.

La tesis nodal de Kennedy se centra en que la fortaleza económica e industrial de un país determina en gran medida su poder militar y su lugar en el mundo. En 2006 fue motivo de dos entrevistas: una para *The Financial Times*[3] y otra en el periódico semioficial egipcio *Al-Ahram*,[4] En esta última entrevista, con el periodista egipcio Ezzat Ibrahim, Kennedy considera que la "gran rueda de la historia se ha volteado contra Estados Unidos, que ha ido demasiado lejos". Ibrahim enfatiza que los neoconservadores y otros apologistas del imperio estadounidense tildaron al historiador británico de catastrofista, pero la presente dirección de la guerra en Irak y el estallido de la crisis económica ilustra claramente la sobreextensión imperial de Estados Unidos y su aventurerismo, que ha socavado su energía y sus recursos.

Kennedy critica a los neoconservadores y alaba a "los generales del ejército de Estados Unidos, quienes dirán que en definitiva su país se encuentra sobreextendido tanto militar como financieramente debido a los déficit presupuestal y comercial".

Por otro lado, en una de sus clásicas *entrevistas-lunch*, Daniel Dombey, del *Financial Times*, pregunta al célebre historiador británico si en su famoso libro de 1988 —que ha vendido más de dos millones de ejemplares y que en su momento puso a la defensiva al gobierno estadounidense— no se había equivocado al predecir el "declive de Estados Unidos, el ascenso de China y el futuro glorioso (*sic*) de Japón".

Dombey recuerda que Paul Kennedy es mejor conocido por su argumento: el poder económico y el potencial militar de Estados Unidos se encuentran en declive relativo desde 1945. Kennedy revela que durante unas vacaciones en la Selva Negra alemana se cayó metafóricamente de la silla cuando leyó que George

---

[3] *The Fincancial Times*, 1 de septiembre de 2006.
[4] *Al-Ahram*, 20 de septiembre al 4 de octubre de 2006.

Schultz, entonces secretario de Estado de Reagan, había realizado una gira por seis países de Asia para desmentir su tesis de que "Estados Unidos se encontraba en declive".
Muy tenaz, Dombey increpa los hallazgos del libro:

> Estados Unidos se volvió más fuerte, no más débil. Japón se estancó y no continuó su ascenso a la cumbre. La URSS, que dijo que no colapsaría, colapsó. En suma, exageró la importancia de la manufactura, lo que magnificó los errores de su teoría.

Kennedy replica con serenidad: no se equivocó con China, "la mejor situada de las grandes potencias con la más coherente gran estrategia", cuyas "reformas económicas se traducirán en más poder político"; ni con Europa, que "necesita modernizar su economía y una estrategia común de defensa". Con Japón admite que se equivocó: "sobrevinieron tres sucesos verdaderamente interesantes en la escena mundial en torno a 1990 que tomaron por sorpresa a alguien ubicado en 1985": la "desaceleración misteriosa de Japón, que repentinamente se frenó; la desintegración de la URSS y el impresionante crecimiento anual de la economía de Estados Unidos". Los tres sucesos dan mucho para discutir, pero hay que dejar defenderse a Kennedy.

Sobre el interrogatorio acucioso de Dombey, quien le exige demostrar que Estados Unidos manifiesta una "sobreextensión imperial", admite que ese país "posee una enorme fuerza innata", con una impresionante inversión en investigación y gran flexibilidad de sus mercados de capitales.

Sin duda Estados Unidos es un prodigio de creatividad científica con la mayor inversión en investigación y desarrollo (I y D) jamás vista en la historia de la humanidad, gracias a la cual ha permanecido de pie y ha prolongado su declive. Lo grave es que la I y D estadounidense va de la mano de su dispendio militar. En cuanto al mito de la "flexibilidad", a nuestro juicio, se ha implementado con un enorme costo social de poda laboral que más temprano que tarde cobrará sus facturas pendientes.

Kennedy no entiende por qué su concepto de "manejo del declive" resultó "tan provocativo" y proporciona el ejemplo del primer ministro británico lord Salisbury, quien precisamente emprendió aquella política a finales del siglo XIX: fortaleció las posiciones débiles y se retiró de las expuestas, protegiendo los intereses principales del imperio británico, que había comenzado su declive imperial. Así, cree que Estados Unidos debería imitar el repliegue de Gran Bretaña, esto es, retirarse de Irak. Kennedy considera que el gobierno bushiano "ha mordido más de lo que puede masticar" y que la "supremacía de Estados Unidos no puede durar".

Luego coloca un axioma que hasta Dombey admite como diatriba impecable: desde el punto de vista teórico para un politólogo o economista, a sabiendas de todo lo que ha ocurrido en la historia, un país con 4.5% de la población mundial "no puede sostener esta posición extraordinaria de generación en generación, especialmente cuando los equilibrios productivos globales han variado", por lo que "es extremadamente difícil evitar la conclusión general" sobre el futuro de Estados Unidos, que no puede ser benigna ni matizada. Por último, explica que su planteamiento previo de hace 18 años se había basado en que Estados Unidos manejaría adecuadamente su declive relativo y no como ahora, que ha hecho estallar todo.

Shen Dingli, vicedirector del Centro de Estudios Estadounidenses de la Universidad Fuda, en Shangai, China, se suma a Paul Kennedy en un provocativo artículo titulado "La decadencia de Estados Unidos".[5] Shen Dingli no es ningún improvisado: es doctor en física y profesor de no proliferación y seguridad internacional. La síntesis de su filosofía militar aparece en este artículo:

> A Estados Unidos le será negado el poder absoluto en la era nuclear, no importa cuán frenética sea su búsqueda de hegemonía militar. Esto ha sido decidido por la naturaleza misma de las armas nucleares. Mediante la expansión y el abuso de su superpoder militar no solamente ha fracasado en asegurarse una posición "sin amenaza nuclear" en la etapa atómica, sino que ha perjudicado sus intereses de seguridad nacional en el futuro y probablemente sea incapaz de ostenerla debido al agotamiento de su fortaleza nacional tanto a mediano como a largo plazo.

¿Empezó el inventario de la decadencia de Estados Unidos? Siguiendo la tradición estratégica de Sun-Tzu y su libro *El arte de*

---

[5] *People's Daily*, 09 de mayo de 2006.

la guerra, Dingli demuestra en forma persuasiva la profunda paradoja del "poder militar sin precedentes de Estados Unidos", cuyas "armas nucleares han dejado vulnerable su superioridad militar". Sería ocioso discutir la superioridad militar de Estados Unidos que

> posee los arsenales más poderosos del mundo tanto convencionales como nucleares, fenómeno jamás visto en la historia. [...] Estados Unidos no tiene competidor con su fuerza militar en el mundo de hoy y ha desarrollado un nuevo concepto armamentista que incluye armas nucleares "prácticas" y su lucha por el control del espacio con armas de energía cinética e información digitalizada.

Tanto mejor que Shen Dingli abulte el arsenal estadounidense para los fines de su disquisición, porque lleva a la conclusión de que las mejores armas letales no se comen y acaban por perjudicar a su poseedor en la era nuclear. Dingli desmitifica toda su parafernalia bélica:

> las ventajas militares de Estados Unidos permanecerán por un largo periodo de tiempo y su poder militar afectará inevitablemente su política exterior, que le otorgará cierta influencia en las relaciones internacionales. [Bien, pero:] ¿Su supremacía militar le ha dado mayor seguridad?, ¿ha intensificado su dominio en los asuntos internacionales?

Desde luego que no, porque el poder no es única y crudamente militar, sino que siempre ha sido *multidimensional*, lo que incluye otros poderes como el cultural, diplomático, económico, demográfico, científico, territorial, etcétera.

Siguiendo su argumentación, Shen Dingli afirma que un cambio revolucionario ocurrió en el concepto tradicional de seguridad nacional desde que el género humano entró en la era nuclear, hace seis décadas, cuando también comenzó la era de la seguridad institucional representada por la ONU, lo que arroja una doble paradoja:

> Un país con una no muy fuerte defensa no necesariamente es inseguro bajo la protección de las instituciones internacionales. Por el

contrario, un país con enorme gasto militar podría no contar con una seguridad correspondiente si perjudica o evita los mecanismos de seguridad internacional.

Éste es, justamente, el caso dramático de Estados Unidos, que se aisló desde que optó por la aventura en Irak.

El segundo axioma de Dingli se centra en que las armas nucleares han dejado vulnerable la superioridad militar estadounidense. En este apartado Dingli se remonta hasta el uso que hizo Estados Unidos en 1945 de bombas atómicas contra Japón, cuando era la única potencia nuclear: "Sesenta años después Estados Unidos no es más seguro". Después vienen las sutiles amenazas disuasivas, que seguramente estarán sopesando los militares estadounidenses: "En el siglo pasado los japoneses solamente pudieron alcanzar Hawai. ¿Pero qué tal hoy? El territorio metropolitano de Estados Unidos sufrió ya graves ataques de baja tecnología como el 11 de septiembre, por lo que con certeza es más vulnerable". La disuasión preventiva sube de intensidad: "Rusia es capaz de destruir varias veces a Estados Unidos, aunque no tenga intención de amenazarlo militarmente".

Cuando en Estados Unidos el asunto de la seguridad se ha vuelto una obsesión paranoide, Dingli descubre que en la perspectiva global y regional existen más factores que evitan que esa nación se sienta completamente a salvo, ya que no cuenta con el monopolio del conocimiento para desarrollar armas nucleares que pueden ser conseguidas por otras potencias industriales o aun por algunos países en vías de desarrollo:

> Las relaciones entre los países nuclearizados siguen la dirección de la mutua disuasión. La superioridad militar de Estados Unidos es vulnerable dado el resultado inaceptable de cualquier uso de armas nucleares, pese al profundo desequilibrio entre las armas convencionales y nucleares de los poseedores de bombas atómicas.

Lo que menos desea Estados Unidos en asuntos de seguridad nacional es un golpe nuclear en su territorio o en sus bases militares. Shen Dingli se expresa sin desparpajo:

La disuasión en la era nuclear significa que una guerra nunca será librada o ganada. A diferencia de las guerras convencionales, no existe vencedor en la guerra nuclear [...]. En teoría, Estados Unidos se reserva la opción de golpear primero, pero en la práctica, Washington estaría buscando su autodestrucción si la emprende contra cualquier poseedor nuclear. Por consiguiente, tal posibilidad es muy remota".

Es cierto en términos racionales, pero no con la irracionalidad imperante ahora en ese país.

Estados Unidos ha perdido su paciencia y confianza al sobreestimar su propia fuerza y al subestimar los mecanismos de seguridad internacional, lo que ha alimentado su tendencia a usar la fuerza en forma fácil, en particular en años recientes, cuando ha exhibido una seria inclinación a abandonar la ONU para organizar una alianza cuyos miembros tienen los mismos objetivos de seguridad: "el resultado para la superpotencia estadounidense ha sido agotar con mayor celeridad tanto su poder duro como su *soft power* (poder suave) y reducirse a sí mismo a una debilidad relativa".

Corea del Norte es una prueba de que la capacidad de intervención estadounidense es marcadamente más débil que el poder nacional que ostenta en las cifras. Y si alguien detectó las complicaciones nucleares de Estados Unidos frente a Corea del Norte fue justamente China, que simplemente se frotó las manos como Confucio.

4. Del "ric" al "bric": la transformación del mundo

Una de las propuestas básicas de mi libro *Hacia la desglobalización*[6] consistió en poner de relieve la importancia ascendente del BRIC (Brasil, Rusia, India y China), simpático acrónimo acuñado por Jim O'Neill, empleado de Goldman Sachs, el mayor banco de inversiones del mundo.

Para muchos, la inclusión de Brasil en ese poderoso club geoeconómico parecía un tanto forzada. Pese a ello, llegamos a ir más

[6] Jorale Editores/Orfila, México, 2007.

lejos al permutar a Brasil por Sudamérica, es decir, a formular el SRIC en lugar del BRIC: de esta manera el gigante país amazónico no se encuentra tan aislado frente a los rescoldos de la doctrina Monroe y el pernicioso unilateralismo bushiano.

En su reciente gira a México el solvente economista James Galbraith, a una pregunta específica de un servidor, arguyó, con justa razón, que el grave defecto del BRIC consistía en su atomización: se trata más bien de un concepto desarticulado y no de una realidad cohesiva.

Sin embargo, parece que el escollo planteado por Galbraith empieza a ser superado y los integrantes del BRIC desean ahora concretar una alianza más compenetrada que deberá demostrar su existencia con actos tangibles en la escena internacional, como formuló en su primera junta formal celebrada en Rusia a mitad de mayo de 2008 en la ciudad de Yekaterinburg, en los Urales.

Carl Mortished, editor de negocios mundiales del rotativo británico *The Times*, afirma que la relevante reunión "es vista por algunos como respuesta a las señales provenientes de Washington de que Rusia no es más bienvenida como miembro del G-8".[7] En efecto, John McCain, súper bélico ex-candidato presidencial del Partido Republicano, ha reclamado tanto la expulsión de Rusia del G-8 como el bombardeo a Irán.

Así, de una entidad geoeconómica virtual, el BRIC podría pasar a formar una alianza geopolítica formal, como se vislumbra en la representatividad de sus ministros de relaciones exteriores. Carl Mortished recalca que

> [su] agenda formal puede ser menos significativa que el logro político del Kremlin al convocar a una reunión de alto perfil de cuatro países con amplios recursos pero intereses diferentes. [Refiere que la] geopolítica se encontraba en los primeros lugares de la agenda [cuando los] ministros de relaciones exteriores de China e India se sumaron a Rusia para llamar a un diálogo fresco entre Serbia y Kosovo.

Mientras Estados Unidos y gran parte de Europa han reconocido la declaración de independencia de Kosovo, Rusia la ha

---

[7] *The Times*, 16 de mayo de 2008.

rechazado, así como India y China, que temen un oleaje balcanizador en su seno. Asimismo, señala que sus cancilleres ya se habían reunido de manera informal, al margen de las conferencias de la ONU, pero en esta ocasión su junta "sugiere que buscan una asociación con un propósito político".

La eclosión del BRIC ha indispuesto a la dupla anglosajona y la analista israelí-estadounidense Masha Lippman, del Centro Heritage, abulta el oportunismo ruso, así como las vulnerabilidades del BRIC, cuya cooperación supuestamente es obstaculizada por su desconfianza mutua: "Rusia busca a tientas un nuevo lugar en el mundo, y lo hace de diversas maneras. Si no formando una alianza, entonces, por lo menos, diversificando su política exterior. No queda claro lo que pueda derivar de ello".[8]

Pues si no le queda claro a Masha Lippman, sí queda claro que no es poca cosa reunir en una alianza a los países que ostentan los mayores centros de crecimiento económico y más de la mitad de la población mundial.

Vladimir Radyuhin considera que Rusia desea formar una coalición, con el fin de "proveer un liderazgo colectivo" para el mundo con la visión multipolar. El primer foro del BRIC se empalma con la cuarta reunión del RIC (sin Brasil), que aborda temas más geopolíticos que geoeconómicos, como los candentes Afganistán, Norcorea e Irán.

A juicio de Vladimir Radyuhin se ha gestado una interacción entre el "RIC trilateral" y el "BRIC cuatripartito", que iniciará el "proceso de una incorporación gradual del RIC al BRIC" como "instrumento poderoso para cambiar al mundo".[9]

El anfitrión ruso Sergei Lavrov enfatizó el objetivo de "construir un mundo más democrático, justo y estable". Después de los funcionarios rusos el más entusiasta fue Pranab Mukherjee, ministro de Relaciones Exteriores de India, quien alabó al BRIC como la "única combinación de economías mutuamente complementarias" y como plataforma para "promover la seguridad energética y alimentaria, luchar contra el terrorismo y reformar los organismos financieros y políticos globales". ¡Ni más ni menos que la antimateria del G-7!

[8] *Reuters*, 16 de mayo de 2008.
[9] *The Hindu*, 15 y 17 de mayo de 2008.

Mientras tanto, Celso Amorim, ministro de Relaciones Exteriores de Brasil, se atrevió a sentenciar que "estamos cambiando la manera en que el orden mundial está organizado". El atrevimiento brasileño de desear transformar el imperante orden mundial, dominado por el unilateralismo de Estados Unidos, cobra mayor significado al provenir de una nación que fue esclavizada por la doctrina Monroe durante casi dos siglos. Por cierto, con gran olfato de donde soplan los nuevos vientos de la geopolítica del siglo XXI, el presidente Luiz Inácio Lula da Silva expresó su deseo por integrarse a la Organización de Países Exportadores de Petróleo.[10]

Según el periódico *The Hindu*, "en un desafío abierto a Estados Unidos, el BRIC acordó realizar esfuerzos multilaterales para prevenir una carrera armamentista en el espacio sideral". Lavrov propuso que India y Brasil coapadrinen el esbozo de un tratado que prohíba el despliegue de armas en el espacio sideral, propuesta que Rusia y China formularon en la ONU en el año 2007. El rotativo indio puntualiza que el BRIC abordó temas que tienen diferentes propósitos a los de Estados Unidos: "construcción de un sistema internacional más democrático, fundado en las leyes y en la diplomacia multilateral", con la ONU "jugando el papel central".

El BRIC formuló que los "agudos problemas de pobreza, hambruna y enfermedades pueden ser resueltos solamente si se toman en cuenta los intereses de todas las naciones y en el seno de un justo sistema económico global". De igual forma, en clara alusión a Irán, este grupo llamó a resolver las disputas mediante "esfuerzos políticos y diplomáticos", y a adoptar "un abordaje cooperativo en la seguridad internacional", que tomen en cuenta "las preocupaciones de todos en un espíritu de diálogo y entendimiento".

Esto no es una reforma mundial, sino sencillamente, un nuevo mundo.

5. El mundo cambió en el Cáucaso

Fue en el Cáucaso donde los dioses del Olimpo encadenaron al titán Prometeo para que un águila le corroyera permanentemen-

[10] *Der Spiegel*, 9 de mayo de 2008.

te el hígado, en castigo por haber robado el secreto del fuego que libró a los humanos, quienes por cierto no han sabido usarlo racionalmente.

Pese a que Prometeo significa "previsor" en griego, la metáfora energética de *Prometeo encadenado* —obra inigualable del dramaturgo heleno Esquilo— vuelve a planear en el Cáucaso, tránsito de los hidrocarburos del Mar Caspio a los mares Negro y Mediterráneo.

Pero esta vez el castigo de los nuevos dioses del siglo XXI puede ser aniquilante para el género humano, cuando ya han arreciado los fantasmas de una tercera guerra mundial nuclear, guerra con la que coquetearon los *halcones* y *águilas* de Estados Unidos: *Baby* Bush, Dick Cheney y *Condie* Rice.

Con su réplica genial en Georgia al aventurerismo militar israelí-anglosajón en Kosovo, *Vlady* Putin, quien comienza a emular las hazañas de Bismarck, regresó la historia 20 años. Claro, hoy ni Estados Unidos, en plena disolución financiera, ni la ex URSS, balcanizada, son las mismas de antaño, pero ambas conservan sustanciales dotaciones nucleares para exterminarse mutuamente.

El mundo cambió en el Cáucaso, mientras Eurasia se encuentra en una nueva correlación de fuerzas cuyas reverberaciones se empiezan a sentir en la "periferia inmediata" y lejana de Rusia: en Transnistria (república separatista en Moldavia), Azerbaiyán, Ucrania, Polonia y hasta en Líbano, en forma folclórica, donde el líder de la secta druza, Walid Jumblat, jefe del Partido Progresista Socialista, "pro occidental y pro israelí", abandonó a Estados Unidos para aliarse a Hezbolá.[11]

Los llamados "conflictos congelados" se descongelan: los rescoldos de los Balcanes, como consecuencia de la independencia unilateral de Kosovo, han incendiado las flamas del Cáucaso al otro lado del Mar Negro. Pakistán, en plena convulsión geopolítica, donde el presidente Pervez Musharraf fue obligado a renunciar, representa otro "superfuego" que se puede conectar en cualquier momento a la pirotecnia bélica a los dos lados del Mar Negro. El diplomático indio M. K. Bhadrakumar afirma que "una

---

[11] *Debka*, 13 de agosto de 2008.

convulsión geopolítica que mide seis puntos en la escala Richter está destinada a producir ondas de choque posteriores".[12]

Los *halcones* de Kosovo y las *águilas* del Cáucaso, soltados por el eje israelí-anglosajón, comparan la represalia rusa en Osetia del Sur con el aplastamiento libertario, hace cuarenta años, en Checoslovaquia por los tanques soviéticos. No es lo mismo, es mucho más profundo en términos estratégicos: porque Checoslovaquia, Polonia y Hungría eran satélites soviéticos; ni siquiera se parece a Afganistán, la expedición fallida de la URSS; tampoco son Daguestán ni Chechenia, en la etapa restringida rusa. Se trata de la primera expedición triunfal de Rusia en el nuevo orden multipolar, que con un mínimo costo militar y un sencillo movimiento de ajedrez, al estilo Putin (quien practica estupendamente el judo), ha puesto en evidencia el desasosiego geoestratégico anglosajón en el Cáucaso.

La lucha será por el alma de la Unión Europea (UE), susceptible de fracturarse en dos bloques: uno, más sensato (que los *halcones* y *águilas* de la Casa Blanca desprecian como "apaciguadores") conformado por Alemania, Francia e Italia; y el otro, totalmente sometido a los intereses anglosajones y que evidentemente lidera Gran Bretaña, dispuesta a llegar hasta una tercera guerra mundial nuclear. El resto de los países de la UE y la OTAN se sumarán en torno a estos bloques internos, de por sí quebrantados por el euro y la constitución.

A la genial jugada geoestratégica de Putin en el Cáucaso, los *superhalcones* de la Casa Blanca han respondido vigorosamente con la ominosa incorporación de Polonia al controvertido sistema balístico misilístico de defensa (BMD), mediante la instalación de diez interceptores y cohetes Patriot. El premier polaco, Donald Tusk, exclamó jubiloso, sin ser Julio César, que "hemos cruzado el Rubicón".

Engdahl aduce que "desde el fin de la guerra fría, Estados Unidos y la OTAN han proseguido en forma sistemática lo que los estrategas militares denominan "primacía nuclear".[13]

> Si una de dos potencias nucleares antagónicas es capaz de desarrollar primero un operativo sistema antimisiles de defensa, aunque fuese

---

[12] Asia *Times*, 19 de agosto de 2008.
[13] *La Jornada*: Bajo la Lupa, 15 de julio de 2007.

primitivo, puede debilitar dramáticamente un contragolpe potencial del arsenal nuclear de su adversario; el lado con la defensa misilística habría entonces ganado la guerra nuclear.

La réplica de Rusia no se hizo esperar. Su presidente, Dimitri Medvedev, declaró que el movimiento hostil de Estados Unidos en Polonia estaba dirigido contra Rusia y no contra Irán (como pregonan los cuentos texanos). ¿Con quién pretende querellarse la católica Polonia, que parece no haber aprendido nada de sus tragedias geopolíticas anteriores? ¿Contra Alemania o Rusia, o las dos, o contra Irán? ¡Demencial!

El subjefe del Estado Mayor ruso, Anatoli Nogovitsyn, puso en perspectiva las represalias por venir de la nueva Rusia: "al desplegar el sistema estadounidense (el BMD), Polonia encara un ataque nuclear", y agregó que el acuerdo entre Estados Unidos y ese país "no podía quedar sin castigo".

Con o sin el contencioso de Rusia y Georgia en Osetia del Sur, el despliegue nuclear de los *halcones* de la Casa Blanca era imparable. La balcanización de Georgia acelera el proceso de una decisión tomada de antemano por el régimen torturador bushiano, que quizá empujó al abismo a su ingenuo aliado georgiano para conseguir su objetivo nuclear en Polonia.

6. La guerra fría energética del siglo XXI

La anterior guerra fría bipolar entre Estados Unidos y la ex URSS fue un enfrentamiento netamente ideológico entre el capitalismo y el comunismo; ganó el primero y perdió el segundo, lo que originó un vacío que fue colmado por el radicalismo de la globalización financiera como expresión del orden unipolar estadounidense.

La nueva guerra fría entre Estados Unidos y Rusia, sucesora de la balcanizada URSS, tiene en cambio características ostensiblemente energéticas y se produce en el triángulo del Golfo Pérsico-Mar Caspio-Mar Negro. Europa se fracturó durante la guerra fría ideológica, lo que fue epitomizado por el muro de Berlín, y es muy probable que ahora acontezca una desarticulación del viejo continente.

En la sección "Manejo de la globalización" de *The International Herald Tribune (IHT)*, editado en París, Daniel Altman afirma que la probable nueva guerra fría es "conducida por la energía".[14] Mientras el nuevo orden mundial ha entrado irremisiblemente en la multipolaridad y tanto las finanzas como la economía del planeta tienden acentuadamente "hacia la desglobalización" (título de mi libro ya mencionado), IHT insiste en "manejar" la inmanejable globalización.

Si bien el marco de referencia del IHT está desfasado y desincronizado, en contraste su enfoque geoenergético es persuasivo:

> ahora Rusia se encuentra en el negocio energético. En caso de asentarse una nueva guerra fría, los energéticos serán su divisa (*sic*). [Rememora que] "hace medio siglo, la URSS estaba en el negocio (*sic*) ideológico [cuando intentó] expandir la más reciente combinación de Marx, Lenin y Stalin [con el fin de] mantener a raya a Occidente y así solidificar su dominio en todas las regiones del mundo.

Es cierto, pero hasta cierto punto, porque no es lo mismo una *gerontocracia* soviética poliartrítica, insulsa y sin pasión, que el juvenil gobierno ruso socialdemócrata de libre-mercado de la dupla Putin-Medvedev, que aspira a la gloria y, más que nada, a frenar la humillación permanente de los *halcones* de la Casa Blanca y las *águilas* de la OTAN.

Daniel Altman ubica el sitio de confrontación: "claramente en Asia central". Pues no está tan "claro" —sin aminorar la relevancia de Asia central, donde, como vimos, Estados Unidos ha sido prácticamente expulsado en forma paulatina debido, en gran medida, al posicionamiento del Grupo de Shanghai—, ya que la lucha se fragua más bien en el triángulo geoestratégico del Golfo Pérsico-Mar Caspio-Mar Negro,[15] es decir, los linderos occidentales, pero no el núcleo de Asia central. En todo caso, lo relevante del artículo de Altman no es su perdonable imprecisión geopolítica, sino su conceptualización sobre la modalidad geoenergética de la nueva guerra fría en ciernes, en la cual comenta que Rusia intenta protegerse del aislamiento de la OTAN debido a que "va-

---

[14] *International Herald Tribune*, 29 de agosto de 2008.
[15] *La Jornada*: Bajo la Lupa, 31 de agosto de 2008.

rios de sus vecinos sudoccidentales poseen sustanciales reservas de hidrocarburos".

Así, resulta que la "incursión" rusa en Georgia "ha provocado serios efectos" y "ha puesto en tela de juicio la viabilidad del proyecto de gasoductos y oleoductos de la Unión Europea".

Al unísono de la vulgar desinformación anglosajona, Daniel Altman insiste en que la cumbre del Grupo de Shanghai en Tayikistán fue un fracaso, visión que no es compartida en absoluto por analistas más serenos y menos sesgados de la región aludida. Altman dice que los concurrentes a dicha cumbre midieron con el mismo molde al gigante ruso con la "diminuta Georgia" y extrapola alegremente que probablemente "Rusia cometió un error estratégico al haber ingresado a Georgia con armas en lugar de dinero (¡súper *sic*!)".

Altman continúa, cita y sobredimensiona a su colega del IHT, Judy Dempsey, quien pone de relieve la ausencia de un apoyo explícito del Grupo de Shanghai a la postura rusa en el Cáucaso, durante la reciente cumbre en Tayikistán, donde muy bien se pudieron haber concertado acuerdos secretos, y donde tampoco pasó inadvertida la reunión bilateral entre los mandatarios de Rusia e Irán (que figura como "observador" y a punto de ser admitido en el relevante grupo centroasiático).

Dempsey no toma en cuenta que China tiene que ser más precavido frente al oleaje de balcanizaciones que comenzaron Estados Unidos, la Unión Europea y la OTAN en Kosovo, imitadas por Rusia en el Cáucaso, cuando la epidemia secesionista podría cundir en Taiwán, el Tibet y la región islámica de Xinjiang.

En sus planteamientos, Altman considera que "Rusia obviamente (*sic*) desea una participación sustancial en el flujo de las reservas energéticas en Asia central y fuera de ella", lo que "ha ocasionado que sus vecinos se pongan nerviosos". Habría que precisar (la gran falla de Altman) a cuáles "vecinos" se refiere porque a los centroasiáticos islámicos (Kazajistán, Tayikistán, Uzbekistán y Kirguizia) no se les nota demasiado intranquilos. Otra cosa son, desde luego, los "vecinos" del Mar Caspio, pasando por el Cáucaso, hasta la ribera occidental del Mar Negro, quienes apostaron insensatamente todas sus cartas a la "salvación" del "mundo libre" (¡súper *sic*!) que enarbolan Estados Unidos y la OTAN.

Aquí la valía indiscutible de Georgia versa sobre el tránsito de los hidrocarburos de Azerbaiyán, potencia energética respetable y ribereña del Mar Caspio. Ni Georgia ni Turquía ni Ucrania son potencias energéticas y, al contrario, son sensiblemente dependientes de su importación *caspiana*. Así que más vale colocar las cosas en su lugar geográfico para no perderse en meandros teológicos e ideológicos.

Es notoria la obsesión pecuniaria ("negocio", "divisa", "dinero") de Daniel Altman en su subtexto, mientras lanza un axioma temerario: "la ideología puede ser fácil (¡súper *sic*!) de controlar, pero la energía es una materia prima que cualquiera (¡súper *sic*!) puede vender". Pues no "cualquiera", ya que los energéticos constituyen el talón de Aquiles de Estados Unidos, la Unión Europea y, por extensión, de la OTAN.

En paralelo a las guerras por dinero e intereses no pocas veces mezquinos, ¿sabrá Altman que a lo largo de la historia los humanos también se han aniquilado por teologías e ideologías, como demuestran las guerras religiosas y la reciente guerra fría bipolar?

Cuando era presidente, el zar geoenergético global *Vlady* Putin solía referirse precautoriamente a los hidrocarburos de Irak, que no pudo defender su patrimonio debido a la carencia de un arsenal nuclear disuasivo con el que sí cuenta Rusia para defender la riqueza energética que pretendían arrebatarle conjuntamente Estados Unidos, la Unión Europea y la OTAN. Los energéticos cuentan mucho, pero sin armas nucleares no sirven demasiado, a esta conclusión parecen haber llegado los estrategas juveniles de la "nueva Rusia", primera superpotencia geoenergética del planeta. En definitiva, la probable nueva guerra fría no es unidimensional —que implica única y sustancialmente a los energéticos— sino multidimensional.

7. LAS GUERRAS DE OBAMA, AMBROSE EVANS-PRITCHARD Y ROBERT GATES

El analista británico Ambrose Evans-Pritchard, vinculado a los intereses financieros de *la City* , advierte que la "estabilidad mundial pende de un hilo conforme las economías continúan su desplome"[16] y comenta que en forma similar a las burbujas financieras, la "burbuja política está estallando", y en forma análoga a los "diferenciales (*spreads*) financieros de riesgo" de la "sequía crediticia", los "diferenciales de riesgo geoestratégico se han ampliado ahora en forma dramática".

Concede enorme importancia a los Bonos del Tesoro de Estados Unidos de tres meses, que se han vuelto el "último refugio seguro" y que otorgan un rendimiento menor a cero después de descontar los costos, lo que demuestra que "ahora se paga a Washington por guardar el dinero de los ahorradores", cuando se han desmoronado los valores del "RIC" (Rusia, India y China), que ha impulsado una fuga de capitales hacia el dólar.

Alega que la "atrocidad" de Bombay puede entronizar al partido nacionalista hindú Bharatiya Janata al poder (la tesis de Bajo la Lupa)[17], lo que derivaría en una "confrontación nuclear entre India y Pakistán".

Abulta las protestas del centro exportador de Guandong, debido al contagio del *tsunami* financiero que ha golpeado a China, que "recurriría a la carta nacionalista" mediante una incursión de sus submarinos en aguas japonesas, lo que desembocaría en "represalias de Estados Unidos".

Extiende la descomposición financiera, económica y geopolítica a varias zonas de Europa, y en particular a Rusia: "secuestrada por los precios del petróleo, que en caso de descender debajo de 50 dólares el barril generaría un movimiento telúrico".

Rememora antecedentes similares en la década de los treinta del siglo pasado cuando "nada era obvio" hasta que estalló la Segunda Guerra Mundial, y refiere que "hoy los excesos de deuda son mucho mayores". Sugiere que los inversionistas deben apostar a los países con una "democracia profundamente arraigada, un fuerte sentido de solidaridad nacional, una probada (*sic*) aplicación de las leyes y portaviones nucleares (¡súper *sic*!)", es decir: "Estados Unidos y Gran Bretaña".

¿Propició la banca israelí-anglosajona la carnicería de Bombay con el fin de repatriar los capitales a Estados Unidos y revaluar artificialmente el dólar? ¿Apuesta Ambrose Evans-Pritchard

---

[16] *The Daily Telegraph*, 30 de noviembre de 2008.
[17] *La Jornada*: Bajo la Lupa, 3 de diciembre de 2008.

a una tercera guerra mundial para capitalizar los ahorros de los inversionistas en Estados Unidos y Gran Bretaña?

Ilya Kramnik, comentarista militar de Ria Novosti (agencia de información rusa), y Bob Gates, secretario del Pentágono —cargo que repite con Obama—, plantean guerras de diferente escala e intensidad, muy alejadas de la tesis apocalíptica de Ambrose Evans-Pritchard.[18] Ilya Kramnik sopesa las "posibles guerras de Obama", colocándolas en tres posibles regiones: Afganistán, Irán y el Mar Negro. Considera que el "conflicto en Afganistán tiende a intensificarse" cuando "el Pentágono ha anunciado un plan para incrementar sus tropas a más de 50 mil soldados", que puede llevar al empantanamiento de Estados Unidos, como sucedió en su momento con la URSS. Es evidente que la guerra en Afganistán sirve para descargar los inventarios del complejo militar-industrial de Estados Unidos.

Ilya Kramnik considera que "Irán permanecerá en la lista de las prioridades", pero en las "presentes circunstancias Estados Unidos no se encuentra en condiciones de desencadenar una nueva guerra en la región" y optará por "ejercer presión en el interior mediante el apoyo a la oposición".

De esta forma, Washington ejercería presiones sobre Moscú en la "región del Mar Negro", ya que el riesgo de otro conflicto entre Georgia y Rusia es "muy alto" e involucraría a Ucrania, cuando "Estados Unidos ha aumentado su flota". Los movimientos de atracción de Ucrania y Estados Unidos servirían para facilitar la revancha de Georgia.

Los temores de Ilya Kramnik sobre un conflicto en la región del Mar Negro se confinan a los últimos días de *Baby* Bush ya que con Obama en la presidencia "un conflicto sería menos probable". Afirma que "con mayor probabilidad, Obama proseguirá el despliegue de los nuevos sistemas misilísticos de defensa en Europa del este" y asevera que "otras guerras no empezarán probablemente en otras partes del mundo". ¡Gracias!

Más a tono con Ambrose Evans-Pritchard, Chatam House, uno de los más importantes centros de pensamiento de Gran Bretaña, abre conceptualmente un nuevo frente en el Cuerno de África, donde el caos en Yemen, debido al desplome de los precios

---

[18] *The Financial Times*, 5 de diciembre de 2008.

del petróleo, se extendería a Kenia, Somalia (con piratas y todo) y hasta a Arabia Saudita (¡súper *sic*!).[19]

A nuestro juicio, en el mundo israelí anglosajón colisionan dos escuelas de pensamiento: en primer lugar la superbélica de los neoconservadores straussianos, vinculados a la dupla Bush-Cheney (aliada al israelí *Bibi* Netanyahu) y, en segundo lugar, la "realista", el nuevo eje de seguridad nacional (Scowcroft-Brzezinski-Jones-Gates), la diplomacia clintoniana que prefieren resolver los contenciosos de Irán, Siria, Líbano y Palestina mediante negociaciones.

En un ensayo publicado en la influyente revista *Foreign Affairs*,[20] Bob Gates (vinculado al ex asesor de seguridad nacional Brent Scowcroft y a *Daddy* Bush más que a *Baby* Bush), se pronuncia en forma impactante en favor de un "mayor énfasis" para que "Estados Unidos se prepare a la contrainsurgencia y a las operaciones de estabilidad en lugar de su tradicional preocupación con guerras largas y dispendiosos sistemas armamentistas".

A reserva de profundizar sobre la nueva *doctrina Gates*, suena impresionante que invite al Congreso en forma poco usual a financiar generosamente al Departamento de Estado para promover la diplomacia de Estados Unidos y su *softpower* en el mundo. El concepto de *softpower*, es decir, el que utiliza el formidable poderío de Estados Unidos en materia cultural, científica y diplomática, fue formulado por Joseph Nye, politólogo de Harvard.

En forma inteligente, Gates no rechaza librar otra guerra al estilo Irak y se rehúsa a empantanarse en una nueva *guerra fría* ni, mucho menos, en una tercera guerra mundial. Ahora bien, ¿dejarán actuar a Gates los neoconservadores straussianos de Estados Unidos e Israel?

8. El "despertar político global", según Brzezinski

El ex asesor de seguridad nacional del ex presidente Carter, Zbigniew Kazimierz Brzezinski, hoy muy cercano a Barack Obama,

---

[19] *Ibid.*, 19 de noviembre de 2008.
[20] *Foreign Affairs*, bimestre enero-febrero 2009.

impartió la relevante "Conferencia John Whitehead" en el muy influyente Chatham House de Londres el pasado 10 de diciembre de 2008.

Zbigniew Kazimierz Brzezinski, miembro prominente del Centro de Estudios Estratégicos e Internacionales" (CSIS, por sus siglas en inglés), es el padre intelectual del modelo de la globalización en su libro *Entre dos épocas: el papel de Estados Unidos en la era tecnotrónica* (de 1970), el artífice de la trampa de la guerra de Afganistán que tendió a la URSS (según sus confesiones a *Le Nouvel Observateur*), y el promotor del eterno imperio estadounidense en su libro *El gran tablero de ajedrez mundial: la supremacía estadounidense y sus imperativos geoestratégicos.*

Sus fuertes convicciones unipolares quedaron resquebrajadas a consecuencia del desastre de las aventuras militares en Irak y Afganistán del régimen torturador bushiano, lo cual expresa en sus tres libros más recientes: 1) *El dilema de Estados Unidos: ¿dominación global o liderazgo global?*, 2) *Segunda oportunidad: tres presidentes y la crisis de la superpotencia estadounidense* y 3) *Estados Unidos y el mundo: conversaciones sobre el futuro de la política exterior estadounidense.*

El geoestratega, quien en forma persuasiva se ha pronunciado contra una nueva aventura militar en Irán (con quien procura establecer negociaciones sin condiciones previas, como era la exigencia unilateral del régimen torturador bushiano) modera su "rusofobia" y en forma "realista" propone el nuevo papel que deberá jugar Estados Unidos en el mundo bajo la presidencia Obama en un nuevo entorno multipolar.

Describe que Obama asumió la presidencia "en medio de una extensa crisis de confianza en la capacidad de Estados Unidos para ejercer su liderazgo efectivo en los asuntos mundiales". Esta confesión en sí sola vale la conferencia entera, se opone a las creencias de los neoliberales tropicales quienes persisten en negar la cruda realidad: la del *fin de una era* y la del colapso del capitalismo especulativo.

Su crítica al régimen torturador bushiano es severa, al que nunca cita por su nombre, pero sí por sus coerciones acumuladas: "la autocomplacencia nacional, la irresponsabilidad financiera, una guerra innecesaria y transgresiones éticas (*sic*) que han desacreditado el liderazgo de Estados Unidos, y que han empeorado la crisis económica global", cuando se han exacerbado los desafíos del "cambio climático y la desigualdad salubre y social" en el contexto del "despertar político global".

Impresionante, hasta parece pertenecer a los creativos movimientos altermundistas cuando refiere que el

> activismo global está generando un surgimiento por la búsqueda de respeto cultural y oportunidades económicas en un mundo cicatrizado por memorias de dominio colonial o imperial [cuando] por primera vez en la historia casi toda (*sic*) la humanidad se encuentra políticamente activada, consciente e interactiva.

Reconoce el ocaso del dominio global por los "poderes del océano Atlántico" en beneficio de la "prominencia de China y Japón", y en la retaguardia "India y quizás una Rusia recuperada, aunque esta última se encuentra muy insegura de su lugar en el mundo". A mi entender, aquí empiezan los problemas con la ingeniería geopolítica de Zbigniew Kazimierz Brzezinski, quien exagera la dimensión insustentable de Japón y subestima a su obsesión atávica: Rusia.

Es extraño que un geoestratega de la talla de Brzezinski se deje obnubilar por sus pasiones personales y coloque el poder mundial de Japón por encima del de Rusia, que sin duda manifiesta un poderío más integral, a pesar de sus consabidas vulnerabilidades financieras y demográficas. Ocurre que Japón, superpotencia financiera en abrupto declive, es la favorita de la *anglósfera* para contener a China, pero, en el rubro demográfico, Japón se encuentra en peores condiciones que Rusia y a mitad del siglo XXI puede llegar a ser irrelevante cuando lo alcance el trágico destino de constituir un país sin jóvenes y colmado de ancianos.

También llama la atención que no aparezca Brasil en el radar de Brzezinski, cuyas fobias no son tan importantes en el contexto de su magistral ponencia y la lucidez con la que vislumbra la "dinámica del mundo cambiante", aunque exagere en que la "crisis del liderazgo estadounidense podría volverse la crisis de la estabilidad global": cierto en el corto plazo, pero que no lo será en el mediano cuando se asienten las bases del incipiente nuevo orden multipolar, si es que la banca anglosajona no precipita antes una tercera guerra mundial como procura Ambrose Evans-Pritchard.[21]

En efecto, sin la participación de Estados Unidos se vive ya el "caos global", por lo que Brzezinski pregona la "recuperación de la legitimidad (*sic*) global de ese país para encabezar un esfuerzo colectivo en un sistema más incluyente de manejo global", bajo el menú semántico de cuatro palabras mágicas: "unificar" (un neoatlantismo con la "triada europea": Gran Bretaña, Francia y Alemania), "ampliar" (un G-14 o un G-16), "negociar" (con la "triada europea", China, Japón, Rusia y "posiblemente India") y "pacificar" ("evitar que Estados Unidos se empantane en la vasta extensión que va del Canal de Suez a India").

Falta ver la disponibilidad geoestratégica de los nuevos actores emergentes del orden multipolar: el BRIC (Brasil, Rusia, India y China), con todo respeto, sin Japón, así como el grado de autonomía que desee jugar la Unión Europea.

Luego vuelve a la carga[22] como en su anterior artículo con Brent Scowcroft, ex asesor de seguridad nacional de Gerald Ford y *Daddy* Bush (*The Washington Post*, 20 de noviembre de 2008), para colocar el contencioso israelí-palestino como máxima prioridad, de lo cual no estamos tan seguros, ya que después de 61 años de *gangrenización* han brotado otros puntos más candentes por resolver en forma inmediata: la fractura geopolítica tectónica del Golfo Pérsico y el "cuadrángulo de la muerte: India-Pakistán-Afganistán-Cachemira".[23]

La nueva arquitectura geopolítica de Zbigniew Kazimierz Brzezinski es razonablemente admisible, con la salvedad abultada de Japón, y no oculta sus preferencias por controlar a la "triada europea", negociar con la "muy precavida" China, a diferencia de Rusia ("impaciente, frustrada y algunas veces amenazante") y ante quien expone sus ambivalencias tanto de repulsión como de necesidad imperativa para conseguir acuerdos (un gran avance, ya que antes la había dado por sepultada).

En forma correcta concluye que "uno de los escollos es la baja educación de los estadounidenses sobre el más amplio mundo".

[21] *La Jornada*: Bajo la Lupa, 7 de diciembre de 2008.
[22] *The Washington Post*, 20 de noviembre de 2008.
[23] *La Jornada*: Bajo la Lupa, 3 de diciembre de 2008.

Es cierto, el promedio estadounidense tiende a universalizar su aldeanismo.

9. TSUNAMI FINANCIERO: FASE DE LA DISLOCACIÓN GEOPOLÍTICA GLOBAL

En el mismo sentido que Dennis Blair, director de Inteligencia Nacional de Estados Unidos, quien alertó de la probabilidad de una gran depresión y sus implicaciones geopolíticas,[24] el LEAP/ E2020, centro de pensamiento europeo, advierte que en el último semestre de 2009 se "iniciará la quinta fase de la crisis sistémica: la fase de la dislocación geopolítica global".[25]

Este centro de pensamiento recuerda su previo análisis en el que sostenía que la "crisis sistémica global" se desplegaría en cuatro principales fases estructurales: desencadenamiento, aceleración, impacto y decantación. Reconoce que ha surgido una nueva fase (la quinta, de dislocación geopolítica), debido a la "incapacidad de los líderes globales de entender plenamente la visión de la crisis presente" y que se ha vuelto obvia por la "determinación en curar las consecuencias en lugar de las causas". Vaticina que la quinta fase advendrá en el cuarto trimestre de este año (es decir, a partir de septiembre), y que, en su epílogo el "mundo se parecerá más a Europa en 1913, en lugar de nuestro mundo en 2007".

Continúa diciendo que esta nueva fase será conformada por "dos procesos principales que ocurrirán en dos secuencias paralelas". Los dos procesos principales constan de: 1) "la desaparición de la base financiera en todo el mundo", es decir, la extinción del dólar debido a su impagable deuda y 2) "la fragmentación de los intereses de los grandes jugadores y los bloques del sistema global". Por otro lado, las dos secuencias paralelas constan de: 1) "la desintegración veloz de todo el sistema internacional vigente" y 2) "la dislocación estratégica de los grandes jugadores globales".

---

[24] Véase *La Jornada*: Bajo la Lupa, 15 de febrero de 2009.
[25] GEAB, núm. 32, 16 de febrero de 2009.

Se lamenta que la cuarta fase de decantación no haya dado lugar a la recuperación y culpa a los "líderes globales" de haber perdido la oportunidad de "sacar las conclusiones adecuadas del colapso del sistema global prevaleciente desde la Segunda Guerra Mundial". Es que los líderes globales no se encuentran a la altura de las circunstancias: "Barack Obama, Nicolas Sarkozy o Gordon Brown pierden su tiempo coreando la dimensión histórica de la crisis, pero ocultan el hecho de que no entienden absolutamente nada de su naturaleza e intentan limpiar sus nombres del fracaso futuro de sus políticas".

El LEAP/E2020 es muy severo con los principales líderes del mundo occidental:

> prefieren persuadirse a sí mismos que el problema será resuelto como cualquier otro problema técnico normal, aunque un poco más serio que el usual. Mientras cada uno persiste en jugar las viejas reglas obsoletas de décadas atrás, inconscientes del hecho de que el juego se ha extinguido bajo sus narices.

La reunión de los ministros de finanzas del G-7 en Roma, más catatónica que nunca, concedió toda la razón al LEAP/E2020:

> en Estados Unidos, como en Europa, China y Japón, los líderes persisten en reaccionar como si el sistema global hubiese sido solamente víctima de alguna falla temporal. [Pareciera que] solamente requieran cargas de combustible (liquidez) y otros ingredientes (disminución de las tasas de interés, recompra de los activos tóxicos, rescates de las industrias semiquebradas) para que vuelva a arrancar.

Su diagnóstico es el de una enfermedad terminal, no de un *catarrito blindado*: "el sistema global ha fenecido; se requiere construir uno nuevo en lugar de luchar en salvar lo que no puede ser más rescatado". Concuerda con nuestro análisis de que no se trata de una crisis vulgar, que puede ser solucionada con medidas anticíclicas, sino del fin del paradigma neoliberal (y, quizá, del mismo modelo capitalista).

Exhibe una gráfica sobre las penurias de la industria, en orden descendente en Japón, Estados Unidos, la eurozona, Gran Bretaña, China e India; es decir, de seis de los principales activadores de la globalización financiera y económica que han contraído dramáticamente la demanda de nuevos pedidos al sector manufacturero, que ha ingresado en territorio negativo, señal incontrovertible de que "sus economías pueden desacelerarse todavía más en los meses venideros".[26]

El LEAP/E2020 esperaba una recuperación gradual después de la cuarta fase de decantación, pero, por desgracia, este brote de la quinta fase "incendiará el proceso requerido de reconstrucción en forma abrupta: mediante una completa dislocación del sistema vigente, con consecuencias particularmente trágicas en el caso de varios grandes jugadores globales".

A su juicio, la dislocación geopolítica afectará ineluctablemente a los cuatro principales actores geoestratégicos del planeta: Estados Unidos, Unión Europea, China y Rusia, por lo que la "población en general y los jugadores sociopolíticos deben estar listos para enfrentar temibles tiempos durante los cuales amplios segmentos de nuestra sociedad serán modificados, desaparecerán temporalmente o se extinguirán permanentemente". Se basa en un artículo tétrico de *The New York Times*.[27] Esto le concede toda razón a los señalamientos de mi paisano Carlos Slim Helú frente a los pigmeos del calderonismo.

El LEAP/E2020 insiste en que la "ruptura del sistema monetario global" ocasionará el "colapso del dólar (y de los activos denominados en dólares), pero también inducirá, por contagio psicológico, a una pérdida general de confianza en todas las divisas". ¿Es el momento inevitable del oro y la plata?

Concluye que "los países más monolíticos y las entidades políticas más imperialistas son quienes sufrirán más en esta quinta fase de la crisis. Algunos Estados experimentarán una dislocación estratégica que socavará su integridad territorial y su influencia mundial". ¿Se referirá al ya decadente Estados Unidos?

A consecuencia de ello, "otros Estados perderán súbitamente sus situaciones protegidas y serán arrojados al caos regional".

---

[26] Índices de Compra de los Gerentes, MarketOracle/JP Morgan.
[27] "El desempleo representa una amenaza a la estabilidad mundial", *The New York Times*, 15 de febrero de 2009.

10. Estados Unidos-China: ¿la relación bilateral más importante del siglo xxi?

El momento estelar del primer periplo de Hillary Clinton a cuatro países asiáticos lo constituyó su visita a China.[28] El mundo está ansioso por captar las señales que deja traslucir Barack Obama, abrumado en el frente doméstico por la severa doble crisis financiera y económica.

No existe todavía una formal "doctrina Obama", pero en forma muy pragmática se está dibujando en sus diversas manifestaciones regionales y globales. Sin embargo, resulta más sencillo definir la esperada "doctrina Obama" en forma antitética a la superbélica "doctrina Bush", que aceleró la decadencia de Estados Unidos.

Es muy probable que China, un país que no se cuece al primer hervor, haya solicitado a Hillary puntualizaciones sobre la política multidimensional de la nueva administración, cuyo secretario del Tesoro, Timothy Geithner, increpó la "manipulación financiera" del yuan.

En su etapa de candidata presidencial Hillary mostró ambigüedades de confrontación y cooperación respecto de China: por un lado, temía el destino de la seguridad nacional de Estados Unidos, cada vez más dependiente de los financiamientos asiáticos (especialmente de China) para sus colosales déficit y deudas; por otro, deseaba establecer con China "la más importante relación bilateral en el mundo del siglo xxi".[29]

El vandalismo financiero global, simbolizado por Geithner, que en su estado cadavérico todavía se atreve a la confrontación, ha sido eclipsado por la cooperación con China expresada por Hillary.

Cabe señalar que Geithner, anterior gobernador de la Reserva Federal de Nueva York, es tan corresponsable, aunque menos expuesto públicamente que el locuaz Alan Greenspan y el inepto *Hank* Paulson (su antecesor en la Secretaría del Tesoro), para citar a los más conspicuos del *tsunami* global, pero, en realidad, es todo el sistema financiero de Wall Street y *la City* el que se encuentra

---

[28] Véase *La Jornada*: Bajo la Lupa, 22 de febrero de 2009.
[29] Zhao Yi, Xinhua, 22 de febrero de 2009.

en la picota: desde sus calificadoras, pasando por sus empresas contables, hasta sus multimedia especializados en la mendacidad global. En el sistema financiero anglosajón, consustancialmente mafioso, resulta asombroso su grado de inimputabilidad.

Pekín no suelta prenda respecto de Taiwán, y el comentarista Zhao Yi coloca de relieve la adhesión de Hillary al reconocimiento del gobierno chino continental como el único representante legal de todas las Chinas, en el espíritu y la letra del Comunicado conjunto sino-estadounidense del 17 de agosto de 1982.

A nuestro humilde entender, lo peor que puede hacer Taiwán (ahora de capa caída y sin *Baby* Bush en medio) es volver a caer en las garras y guerras de los numerosos *halcones* de Estados Unidos.

Hillary dejó esta vez de lado el asunto de los "derechos humanos", que Estados Unidos suele practicar en forma unilateral, discrecional y farisea (para no irnos tan lejos, la Casa Blanca cerró los ojos a las atrocidades en Acteal y Aguas Blancas de Zedillo, instrumento financiero de Wall Street).

De esta manera, la cooperación (*tongzhou gongji* fue el adagio chino que Hillary usó: "atravesar tranquilamente el río en el mismo barco") puede llegar a ser significativa sobre la crisis económica global, el cambio climático y las amenazas a la seguridad.

En la delicada coyuntura presente, ¿anhelará China subirse al mismo barco con Estados Unidos? Si se trata de un barco estadounidense, al estilo del Titanic, seguramente no lo hará, pero si es un barco neutral (mejor si es chino) no existe impedimento alguno para que ejerza su legendario pragmatismo.

Por lo pronto, el diálogo militar ha sido reanudado, después de haber sido interrumpido en octubre de 2008, cuando el rijoso *Baby* Bush notificó al Congreso su deseo de vender armas a Taiwán por 6,500 millones de dólares (que incluían desafiantemente el sistema antimisilístico Patriot III y aviones sofisticados de alerta temprana).

En forma destacada, Hillary visitó una planta térmica, de energía "limpia", construida con tecnología de los dos países, como ejemplo de colaboración mixta (pública y privada), en una esfera donde ambas superpotencias geoeconómicas padecen vulnerabilidades significativas.

Según Ambrose Evans-Pritchard,[30] una de las solicitudes mayúsculas de Hillary a las autoridades chinas versó sobre la continuación de la compra de bonos del Tesoro cuando Estados Unidos ha generado "temores sobre su capacidad de financiar sus rescates bancarios y sus déficit en los próximos dos años". Antes de soltar más dinero bueno al malo, China ha requerido garantías para sus pletóricas tenencias financieras en Estados Unidos.

Hillary ha usado la metáfora de la inextricable necesidad mutua, con el fin de no dañarse entre sí cuando, a su juicio, ambas economías son complementarias: si Estados Unidos se derrumba económicamente, entonces cesará de comprar las mercancías de China, a la que le conviene financiar la deuda y los déficit de su comprador para cerrar el círculo virtuoso.

Hillary resumió su metáfora geoeconómica de simbiosis trágica:

> Vamos a crecer o caer juntos. Nuestras economías están tan entrelazadas, que los chinos saben que para empezar (*sic*) a exportar de nuevo a su principal mercado, Estados Unidos debe tomar algunas medidas drásticas con el paquete de estímulo, que significa que debemos incurrir en mayor deuda.

Se estima que solamente este año Estados Unidos necesita urgentemente dos millones de millones de dólares (trillones en anglosajón). ¿De dónde saldrán?

Tal postura de Estados Unidos no es novedosa y, durante las dos gestiones del marido de Hillary, la había practicado exitosamente con Japón con el apotegma de que ambas economías eran interdependientes, para no decir que estaban ambas agarradas de la yugular, lo que expresó entonces el hoy apagado economista Lester Thurow en su añejo libro *El futuro del capitalismo*. De nueva cuenta el *clintonomics* pretende aplicar la misma fórmula exitosa de la simbiosis trágica ahora con China, que ha sustituido al cada vez más declinante Japón.

Además de las garantías a sus tenencias en papel-chatarra estadounidense, China "se opone al proteccionismo en todas sus

---

[30] *The Daily Telegraph*, 22 de febrero de 2009.

formas".[31] Es obvio que China no soltará tanto dinero a un país que practica el neoproteccionismo, tan perjudicial a sus exportaciones.

En resumen, el *clintonomics*, en su segunda versión con Obama, apuesta exageradamente a la complementariedad y bidireccionalidad geofinanciera y geoeconómica con China, que a la vez anhela un mundo más multipolar y armónico en la totalidad geoestratégica.

¿Cómo conciliar tal bilateralidad geoeconómica con la multipolaridad geoestratégica? ¿Qué tanto le conviene a China tanta "bilateralidad" con Estados Unidos, sin afectar sus diversos intereses multipolares con Rusia y Europa, ya no se diga con Latinoamérica, en la que ha creído más que el mismo Estados Unidos?

11. CHINA DECRETA EL "FIN DE LA HEGEMONÍA DE ESTADOS UNIDOS Y EL INICIO MULTIPOLAR GLOBAL"

Dos días después del periplo asiático y de la visita a China de Hillary Clinton,[32] Li Hongmei, del *People's Daily*, muy cercano al gobierno chino, decreta el "fin de la hegemonía de Estados Unidos y el inicio de la era multipolar global".[33]

China solía expresar, preferentemente junto a Rusia (en especial durante las cumbres del Grupo de Shanghai), su anhelo por un nuevo orden multipolar, en el contexto de un planeta más armónico, propio de su cosmogonía. Sin embargo, hasta donde hemos detectado, nunca había atravesado el Rubicón semántico hasta llegar a sentenciar tanto el fin de la hegemonía de Estados Unidos como el advenimiento del nuevo orden multipolar. Por cierto, dicho sea con la humildad de rigor, dos tesis ya muy vistas en Bajo la Lupa desde hace por lo menos seis años, y asentadas en nuestro libro premonitorio *Hacia la desglobalización*[34].

El artículo de Li Hongmei es relevantemente estratégico por haber sido editado en China, por sus vínculos gubernamentales

---

[31] Du Guodong, Xinhua, 22 de febrero de 2009.
[32] Véase *La Jornada*: Bajo la Lupa, 22 y 25 de febrero de 2009.
[33] *People's Daily*, 24 de febero de 2009.
[34] Jorale Editores/Orfila, México, 2007.

y por su fecha: dos días después de la visita de Hillary y prácticamente un mes antes de la cumbre del G-20 del 2 de abril en Londres.

El autor chino ha de poseer mejores y mayores datos, seguramente detectados y/o reafirmados por las autoridades durante la visita de Hillary, que las muy simplistas dos gráficas contrastantes que cita del FMI —cuando en el lapso de cinco años Estados Unidos declina a 25% del PIB global, mientras las "economías emergentes" suben al 32% en 2008— para emitir una sentencia tan perentoriamente definitiva sobre la caída unipolar de Estados Unidos y el ascenso multipolar, cuyo diagnóstico es más contundente con el abordaje multidimensional (geopolítico, geoeconómico, geofinanciero y geoenergético). De acuerdo a las dos gráficas del FMI, en cinco años el porcentaje del PIB global de Estados Unidos se desplomó 7%, al pasar de 32 a 25%. ¡Y lo que falta!

A lo que hace eco Li Hongmei: "si la 'reversión dramática' de Estados Unidos ocurrió en cinco años, ¿cuánto más cambiará en los próximos cinco o diez años?"

El autor chino cita un extracto del artículo "Despidiendo la hegemonía" de Parag Khanna en un suplemento sabatino de *The New York Times*;[35] "Ahora competimos —y perdemos— en un mercado (*sic*) geopolítico con las otras superpotencias mundiales: la Unión Europea y China".

¿Dónde dejaron a Rusia, India y Brasil? Es patético el ultrarreduccionismo que practica Estados Unidos, que intenta eclipsar la realidad mediante su perturbadora negación mental.

Li Hongmei conjetura que Estados Unidos hubiera sido el "rey de la colina" de la unipolaridad "de no haber sido golpeado por los ataques terroristas del 11 de septiembre". La guerra contra el terrorismo global, que siempre expusimos como un montaje hollywoodense, "fue interpretada por la comunidad internacional como un camuflaje (¡súper *sic*!) usado por Estados Unidos para ocultar su intención de recuperar su monopolio sobre el globo entero". Esta es la aseveración más severa de Li Hongmei, quien deja entrever muchas cosas detrás del "camuflaje de la guerra contra el terror global" que los neoconservadores straussianos, muy cercanos a Israel, le endosaron demencialmente al Islam.

[35] *The New York Times*, 27 de enero de 2009.

A continuación fustiga sin piedad al "típico sistema financiero capitalista liberal de Estados Unidos" cuando la "hegemonía de Estados Unidos se encuentra al borde del colapso". ¿Al borde?

Aduce que "hoy, por primera vez en la historia, la competencia [no la delirante "competitividad" economicista] es global, multicivilizatoria y multipolar, con una exhibición de poder inteligente. Para ser el vencedor, se debe buscar más la cooperación que la confrontación".

¿Podrá transformar Estados Unidos su psiquis consustancialmente bélica?

Estados Unidos no es más el "rey de la colina" conforme la "nueva fase de la estructura de poder mundial multipolar se asienta en 2009 y el orden internacional será reajustado en forma correspondiente".

Reconoce que en estos momentos la "estructura del poder internacional es todavía indiscernible", cuando "Irán ha emergido como potencia regional; Latinoamérica redobla sus esfuerzos para liberarse de la órbita de Estados Unidos y la Unión Europea no puede proseguir su expansión", y cuyos "tres principales jugadores, Gran Bretaña, Alemania y Francia, exhiben su propio declive económico".

En referencia a Rusia señala que "enfrenta una ardua tarea para reducir su pesada dependencia de sus exportaciones gaseras y reconstruir una industria manufacturera propia y moderna". Con todo respeto a Li Hongmei, los problemas de Rusia no son los señalados, sino otros (su demografía declinante y su subdesarrollo financiero; el gas, por el contrario, ha sido su bendición y el asunto manufacturero, para una superpotencia tecnológica, tampoco es una "ardua tarea").

Sigue exponiendo en forma muy optimista el prodigioso ascenso de China como "nuevo jugador superpesado", pero oculta sus conspicuas vulnerabilidades.

A nuestro juicio es probable que el incipiente orden multipolar se deba más a las vulnerabilidades (materias primas, en particular los hidrocarburos) que a las complementariedades (el espejismo exportador) cuando, desde el punto de vista multidimensional (nuclear, geoeconómico, geofinanciero y geoenergético), ninguna de las nuevas y añejas superpotencias (Estados Unidos, Unión Europea, BRIC y hasta Japón) es autosuficiente.

En paralelo, y en sincronía al declive de Estados Unidos, el "México neoliberal", con los disfuncionales panistas Fox y Calderón, se desplomó seis lugares en ocho años al pasar su PIB del noveno al decimoquinto del ranking mundial (¡más lo que sigue!). Es notorio el suicidio neoliberal de México al haber ligado su suerte a la unipolaridad de Estados Unidos, lo que resalta más cuando el resto de las "economías emergentes" creció vigorosamente en el mismo lapso. Lo que no alcanza a entender el hilarante Congreso mexicano, con todo y sus cartuchos quemados invitando al delirante debate: ¿Qué hacer para crecer?

12. El empequeñecimiento de Estados Unidos
    y el nuevo orden tripolar según Parag Khanna

Por alguna razón, Li Hongmei, citó el viejo artículo del controvertido Parag Khanna, "Despidiendo la hegemonía", publicado en el suplemento sabatino de *The New York Times*.[36] Parag Khanna, estadounidense nacido en India, director de Global Governance Initiative y prominente becario del Programa de Estrategia Estadounidense en la New America Foundation; además es autor de *El segundo mundo: imperios e influencia en el nuevo orden global.* También trabajó como analista para el Consejo de Relaciones Exteriores, con sede en Nueva York, y el polémico Foro Económico Mundial de Davos, lo que enmarca su ideología neoliberal.

Su mentalidad globalizadora la aplica al mercado de la geopolítica, y aduce que "en el mejor de los casos, el momento unipolar de Estados Unidos concluyó durante la década de los noventa" cuando los "dividendos de la paz de la posguerra fría no fueron convertidos en un orden liberal (*sic*) global bajo el liderazgo estadounidense".

Como dijimos en el capítulo anterior, Parag Khanna acepta que

en lugar de que Estados Unidos controle al globo, ahora se encuentra en competencia, y perdiendo, en el mercado geopolítico junto a las otras superpotencias mundiales: la Unión Europea y China. Ésta es la geopolítica del siglo XXI: los nuevos "tres grandes". No

[36] *The New York Times*, 27 de enero de 2008.

Rusia, un vasto territorio cada vez más despoblado dominado por el gobierno Gazprom; no un Islam incoherente (*sic*) enfrascado en guerras internas; y tampoco India, atrasada por décadas detrás de China tanto en desarrollo como en apetito estratégico. Los "tres grandes" hacen las reglas [...], sin que ninguno de ellos pueda dominar.

A sus 32 años de edad, Parag Khanna come ansias de novillero y se precipita en abultar su nuevo orden tripolar y en descalificar en forma absurda a otras superpotencias como Rusia; su propio país, India, que coloca detrás de China, y el Islam, que cataloga de "incoherente" y que peca más bien de falta de cohesión interna, como no la tiene ninguna religión en el planeta. Haría bien en escuchar a los lúcidos estrategas indios, mucho más sensatos, más proclives a respetar el ascenso del BRIC (Brasil, Rusia, India, China).

Sin embargo, no hay que ser muy crueles con la prospectiva sesgada de Parag Khanna debido a que realizó su frágil apuesta a principios de 2008, cuando nuestros amigos de la Unión Europea aún no exhibían su vulnerabilidad geofinanciera y geoeconómica.

A su juicio, nos encontramos ante "un nuevo juego global" donde "por primera vez en la historia sucede una batalla multipolar, multicivilizatoria y global". Aquí Parag Khanna se contradice porque en su "nuevo orden tripolar" se trataría más bien de una batalla "bicivilizatoria" entre China, por un lado, y el eje trasatlántico conformado por Estados Unidos y la Unión Europea, por otro lado.

Luego cita el concepto del "patriotismo europeo" de Jorgo Chatzimarkakis, miembro alemán del Parlamento Europeo, menciona que "en Bruselas, la capital de Europa, los tecnócratas, estrategas y legisladores perciben cada vez más su papel como el fiel de la balanza global entre Estados Unidos y China".

Se trata de una visión exageradamente mercantilista que prescinde del crucial papel geopolítico de Rusia en Europa. Parag Khanna no se había enterado en ese entonces que ocho meses más tarde Rusia trastocaría exquisitamente el balance de poder desde el Cáucaso, pasando por los Balcanes, hasta Europa del Este, al obligar el repliegue de las fuerzas invasoras de Georgia en Osetia del Sur, lo que fue leído pulcramente por las grandes potencias europeas continentales (Alemania, Francia e Italia) y recientemente hasta por España.

A continuación evoca las vulnerabilidades de Europa, que "todavía carece de un ejército común" (¡nada más!) y, en forma descabellada, especula que "el único problema es que realmente no necesita ningún ejército".

Llega hasta pretender que la "fortaleza económica de Europa" puede incorporar a los anteriores países miembros de la Unión Soviética y subyugar (¡súper *sic*!) gradualmente a Rusia".

En realidad, la geopolítica y la geoeconomía de Rusia y Europa continental son complementarias desde el punto de vista energético y de inversiones: Europa depende del gas de Rusia, quien a su vez requiere de las inversiones europeas, todo esto sin ejércitos de por medio, ámbito en el que prevalece Rusia como superpotencia nuclear de primer orden.

Parag Khanna delira cuando vaticina que "Rusia será anexada por Europa". Perora mucho sobre geopolítica sin entender sus alcances, los que trivializa, debido a su deformación neoliberal, como "geopolítica del mercado". Ante la geopolítica no hay mercado, sea neoliberal o comunista, que resista.

Los hechos presentes desmintieron rotundamente su afirmación de que "si Estados Unidos y China combatiesen, el dinero del mundo sería invertido con mayor seguridad en los bancos europeos". Sucedió todo lo contrario.

Peor aún: sobredimensiona el poderío del euro, que puede ser, según la prensa británica, presa de la balcanización financiera. A nuestro juicio, como diría el gran pensador francés Montaigne, sobre el devenir tan incierto del euro lo mejor es "suspender el juicio".

A nuestra manera de pensar, Europa constituye el polo civilizatorio de mayor avanzada en el mundo, pero en estos momentos exhibe demasiadas vulnerabilidades geofinancieras y geoeconómicas, ya no se diga geoenergéticas y geoestratégicas.

Después desarrolla el milagro chino y asienta que "China se encuentra en el centro del triángulo India-Japón-Australia, que ha superado el comercio en todo el océano Pacífico".

Hay que reconocer que la fallida prospectiva de Parag Khanna constituye más bien una excavación arqueológica para repetir lo archisabido: "el empequeñecimiento de Estados Unidos", que es seguramente lo que más atrajo la atención de los estrategas chinos.

Las graves equivocaciones geopolíticas de Parag Khanna se derivan de su reduccionismo simplista y su adicción neoliberal, cuando exalta que la "globalización es el arma verdadera", en tanto hasta los fanáticos neoliberales británicos vislumbran el advenimiento de la desglobalización (por cierto, neologismo acuñado por Bajo la Lupa).

La subtesis nodal de Parag Khanna se centra en que "el principal campo de batalla" de la globalización se escenificará en lo que denomina "el segundo mundo", donde una plétora de "Estados oscilantes" (*Swing States*) muy difusos e inconexos serán quienes determinarán "cuál de las superpotencias (de su nuevo orden tripolar) triunfará en la próxima generación de la geopolítica", y entre las que enumera están Brasil, India, Irán, Turquía, Venezuela, Sudáfrica, Arabia Saudita, Vietnam, Marruecos, Malasia y Libia, entre otras.

No cita a México que, Calderón ha proclamado, será la "cuarta potencia mundial" en la próxima generación.

13. Brzezinski: del G-20 al G-2 para "cambiar al mundo"

Con la cómica excepción de Calderón y sus "mejores financieros del mundo", los círculos anglosajones de poder no están muy convencidos de los resultados de la disfuncional cumbre del G-20 en Londres.

La prensa británica en su conjunto ha pasado al sabio escepticismo, escepticismo en el que resalta Martin Wolf, editor de Economía de *The Financial Times*, el conocido rotativo portavoz de la globalización neoliberal, y quien cinco días más tarde a la cumbre da carpetazo al G-20 para ubicar en el foco de atención de la crisis financiera global al G-2 (Estados Unidos y China).

Henry C. K. Liu —nació en Hong Kong, estudió en Harvard, de formación arquitecto y urbanista, quien luego montó una casa de inversiones en Nueva York, y prolijo colaborador del portal *Asia Times*— saca a colación con más de tres meses de retraso (el 22 de abril de 2009) la audaz propuesta de Zbigniew Brzezinski, el ex asesor de Seguridad Nacional de Jimmy Carter e íntimo de Obama que ya mencionamos, para establecer un G-2 entre Estados Unidos y China que "puede cambiar al mundo". Liu narra que Brzezinski lanzó

> su propuesta para un G-2 entre Estados Unidos y China en una conferencia que impartió en Pekín el 13 de enero, una semana antes que Obama tomase las riendas del poder en Washington, para conmemorar el trigésimo aniversario del establecimiento de relaciones diplomáticas entre Estados Unidos y China.

Los detalles, que pueden sonar aburridos, son fundamentales:

> la conferencia fue apadrinada por el Instituto de Relaciones Exteriores del Pueblo Chino y el Instituto Kissinger sobre (sic) China y Estados Unidos, y coapadrinada por el Comité Nacional de las Relaciones Estados Unidos-China, con el apoyo de la embajada estadounidense en Pekín y la cancillería china.

La "amplia delegación" estadounidense estuvo encabezada por el ex presidente Carter ("durante cuya administración se establecieron formalmente las relaciones"), el anterior secretario de Estado, el republicano Henry Kissnger y los anteriores asesores presidenciales de Seguridad Nacional, el republicano Brent Scowcroft y el demócrata Brzezinski, quienes fueron formalmente recibidos por el presidente Hu Jintao, el vicepresidente Xi Jinping y el premier Wen Jiabao.

En el resumen formal sobre su conferencia publicado de su puño y letra en *The Financial Times*,[37] Brzezinski recuerda que Carter lo "había enviado a China en 1978 para iniciar las negociaciones secretas (sic) que resultaron en la normalización de las relaciones sinoestadounidenses". Conjetura que "nuestro mundo es diferente, mejor (¡super sic!) y más seguro (¡extra sic!) debido a tal normalización". ¡Se voló la cerca Brzezinski!

Afirma que el "efecto" de tal cooperación en seguridad que benefició a ambos actores "fue cambiar el tablero de ajedrez global de la *guerra fría* en detrimento de la URSS". Aflora

---

[37] *The Financial Times*, 13 de abril de 1998.

la legendaria rusofobia del polaco-canadiense-estadounidense Brzezinski y la proverbial perfidia de Kissinger, quien se dedicó a tomarles el pelo a los ingenuos soviéticos mientras les vendía a los chinos.

A juicio de Brzezinski, "en forma indirecta, la normalización facilitó la decisión de Deng Xiaoping de llevar a cabo una reforma económica integral". Queda claro, como hemos observado antes, que las reformas chinas de relativa apertura de su mercado no se gestaron en el vacío, sino en el marco de un arreglo geoestratégico entre Estados Unidos y China contra la URSS que ya habían amarrado Nixon y Kissinger en 1972 (para que no se luzca tanto Brzezinski).

Queda todavía más claro que Kissinger y Brzezinski son las dos caras, una republicana y otra demócrata, de la misma moneda del irredentismo geoestratégico de Estados Unidos.

Brzezinski sopesa el estatuto presente de la relación bilateral en términos geoestratégicos y cita a la revista *Liaowang*[38] que describe la presente relación entre Estados Unidos y China como de "una interdependencia compleja" en la que "ambos evalúan al otro en términos pragmáticos y moderados", y en la que "ambos pueden competir y consultar dentro de las existentes reglas internacionales".

Y ahora viene una frase que ha perturbado a los geoestrategas chinos: "una China en ascenso global es un poder revisionista al desear cambios en el sistema internacional". Luego diluye su vino y considera que "los cambios que busca China los hace en una forma paciente, prudente y pacífica". Pues sí: todo lo contrario del abordaje bushiano del que epifenomenológicamente hasta ahora Obama desea alejarse.

Se deduce que China ha cambiado más que Estados Unidos: "su pensamiento estratégico" se ha alejado del "conflicto de clase global (*sic*) y revolución violenta", para situarse en el "ascenso pacífico" en la influencia global en búsqueda de "un mundo armónico".

Brzezinski padece fijación mental por el término "global", que en su libro *El gran tablero de ajedrez mundial: la supremacía de Estados Unidos y sus imperativos geoestratégicos*, representa el domi-

---

[38] *Liaowang*, 14 de julio de 2008.

nio del poder que creyó eterno de Washington y que en 13 años, desde que lo escribió en la etapa del paroxismo unipolar, ha pasado aceleradamente a su implosiva decadencia.

Coloca el "programa nuclear de Norcorea" como una de las áreas donde "ambos pueden lidiar con desacuerdos residuales o potenciales". Mientras Estados Unidos y China entiendan "la centralidad" de su "interdependencia", entonces podrán lidiar con todo tipo de problemas.

Desde su proclividad megalomaníaca, Brzezinski propone un "gran objetivo compartido" que "expanda y profundice la cooperación geoestratégica", más allá de la "necesidad inmediata para una estrecha colaboración para enfrentar la crisis económica". Las finanzas y la economía no son el fuerte de Brzezinski y se las prefiere dejar a la tripleta monetarista de Obama: Summers-Geithner-Bernanke, no muy negociadora con China.

A continuación Brzezinski define los tres ámbitos de "gran cooperación geoestratégica": 1) participación directa al diálogo con Irán; 2) consultas, primero, y luego, mediación informal en relación con India y Pakistán, y 3) la resolución del conflicto israelí-palestino.

Los tres ámbitos parecen representar la "zanahoria" diplomática de Brzezinski que resguarda el "garrote" bélico en caso de fracasar y donde China sufriría las consecuencias letales, las cuales nos atrevemos a traducir y subdividir en "petroleras" (por la interrupción del abasto en la región del Gran Medio Oriente que incluye a Irán) y "nucleares" (la "calamidad regional" por un enfrentamiento atómico entre India y Pakistán, ambas fronterizas con China).

Así, bajo la amenaza explícita del choque huntingtoniano de civilizaciones, permea el poder de daño altamente letal que Estados Unidos puede infligir a China (si no se pliega al modelo del G-2) en el "Gran Medio-Oriente", específicamente en Palestina, Irán y el subcontinente indio.

¿Aceptará de nuevo China el pacto faustiano que propone Brzezinski, secundado por Kissinger, para cercar otra vez a Rusia? Y en tal caso, ¿dónde quedaría la armonía multipolar?

14. Obama frente a la nueva multipolaridad de Latinoamérica

Obama encontró en Trinidad y Tobago, donde planeó intensamente el retorno triunfal de Cuba, a una mayoría de 31 mandatarios de América Latina, muy diferentes al enternecedor entreguismo de Calderón, quien prodigó sin rubor la transfrontera —con todo y sus yacimientos gaseros— al NORAD/Comando Norte de Estados Unidos, además de haber cedido el Golfo de México al Comando Sur (justo es reconocerlo, con la connivencia de los dos líderes priístas camarales, Beltrones y Gamboa).

Calderón ha militarizado exageradamente todas las actividades civiles de México, país otrora pacifista y pacífico, con un ejército entrenado para la paz, y lo ha convertido en el "cobayo de la guerra irregular del Pentágono".[39]

Al unísono de la anexión militar de México por el Pentágono, Calderón adoptó la truculenta agenda energética neoliberal de Estados Unidos —que forma parte del ASPAN foxiano: Alianza para la Seguridad y la Prosperidad (¡súper *sic*!) de América del Norte— mediante la controvertida bonificación de la emisión de los gases invernadero, y se olvidó por completo de citar —ya no se diga exigir la demolición— del muro de la ignominia que militarizó unilateralmente *Baby* Bush.

A contracorriente histórica global, Calderón —quien resultó más fanático del caduco Tratado de Libre Comercio de América del Norte que el mismo Obama— se hunde en el Titanic de la añeja unipolaridad y no se entera aún del nuevo giro multipolar bajo el que opera la mayoría del resto de los 31 mandatarios latinoamericanos. Calderón tampoco entiende el significado de "competitividad", que mastica sin cesar, y donde el "México neoliberal" ocupa un peor que mediocre lugar global.

Así como Obama halló a la mayoría de 31 mandatarios muy ajenos a la dependencia unipolar de Calderón, los latinoamericanos en su conjunto encontraron a un Obama muy dispuesto a reconciliarse y diametralmente opuesto al unilateralismo de *Baby* Bush.

---

[39] Véase *La Jornada*: Bajo la Lupa, 15 de abril de 2009.

La Quinta Cumbre de las Américas es muy distinta a su primera edición en Miami, en 1994, cuando el entonces vicepresidente, Al Gore, lanzó la hoy extinta Área de Libre Comercio de las Américas (ALCA), enterrada por los muy creativos mandatarios de la zona en la cuarta cumbre en Mar del Plata, donde la hilarante pareja Fox-Martita se querelló con medio mundo (incluyendo a Cristina Fernández, quien sería la futura presidenta argentina).

Durante la cuarta cumbre, *Baby* Bush usó como caballo de Troya al locuaz Fox para socavar la cohesión latinoamericana que rechazó heroicamente su suicidio mediante el veneno del ALCA.

Pero en la quinta cumbre le ha sido imposible a Calderón vender la exagerada militarización y la narcotización (en su doble sentido) de México, y su entrega neoliberal de los hidrocarburos, como único modelo a seguir para el resto de América Latina que ha tomado ya la ruta irreversible de la liberación tutelar, económica y financiera en la nueva era multipolar.

En la cumbre, Obama se cercioró de la existencia de tres posturas diferentes en América Latina: 1) la calderonista (inviable para la mayoría de América Latina donde el "México neoliberal" ha quedado aislado); 2) la del ALBA, de gran avanzada y creatividad geopolítica, que juega espléndidamente a la multipolaridad: dispuesta a negociar con Obama, pero lejos de la capitulación a la unipolaridad, mientras construye puentes con Europa, Medio Oriente, África, China, Rusia e India, y 3) la del gigante brasileño, en el intermedio del ALCA y el ALBA, pero, como venimos diciendo, con el descubrimiento de representar a una de las potencias emergentes del siglo XXI junto al RIC (Rusia, India y China).

Por la conformación de sus reuniones grupales en Puerto España, Obama aceptó la existencia de tres regiones geoeconómicas en América Latina: Sudamérica, Centroamérica y el Caribe. Donde el "México calderonista", con un muro ignominioso en pleno rostro transfronterizo, ha quedado totalmente a la deriva al haber colocado todas sus cartas en la fallida integración norteamericana, sobre todo, humana y migratoria.

No se puede negar que, a poco de haber llegado a la Casa Blanca, Obama goza de una luna de miel global, que comparte con su esposa Michelle, mediante la "obamanía" de la que América Latina no es ajena. Pero no será sencillo restañar las heridas que *Baby* Bush dejó abiertas con sal en todo el mundo.

La administración Obama se encuentra inquieta por el proceso de pérdida de su posición, ya no se diga de su liderazgo en América Latina, por lo que durante la cumbre ha usado toda su seducción para ejercer una *perezagruska* latina: la reactivación de las relaciones con los países de la región. Obama ya se percató de la imposibilidad de "calderonizar" a la mayoría del resto de 31 países de América Latina: más seguros y afirmativos que nunca en su historia.

Detrás de la reconciliación seductora de la "obamanía", cuando Estados Unidos ha pasado a la defensiva en la región, se encuentra el propósito avieso por detener y hasta balcanizar la expansión asombrosa del ALBA, constituida por Venezuela, Cuba, Bolivia, Dominica, Nicaragua y Honduras, además de Ecuador y Paraguay como invitados.

El problema de Obama es que el "México calderonista" no es imitable ni vendible (resulta hasta contraproducente mercadológicamente) y anda en búsqueda de regímenes cómodos (Colombia, Perú y Chile) para crear una alianza anti-ALBA bajo la férula militar de Estados Unidos.

Durante la cumbre, Obama todavía no se atrevía a sacar del tintero la idea bushiana de crear un nuevo foro de los países del hemisferio, basado en la Iniciativa "Vías de Prosperidad (¡súper *sic*!) de las Américas",[40] como resurrección velada (ahora sí que por "otras vías") de la fenecida ALCA, para que ejerza contrapeso a la integración sudamericana de Unasur, susceptible de convertirse en el siglo XXI en uno de los principales polos geopolíticos del planeta.

Dos días después del citado comunicado de la Casa Blanca, el ALBA levantó creativamente la puja con el lanzamiento del proyecto de una divisa común (el "sucre").

El discurso neoliberal entreguista de Calderón durante la visita de Obama a México fue una vulgar reproducción de varios de los siete puntos del comunicado de la Casa Blanca bushiana sobre las "Vías de Prosperidad de las Américas" donde participaron en la ciudad de Nueva York los mandatarios y representantes de los gobiernos de Canadá, Chile, Colombia, Costa Rica, El Salvador,

---

[40] Comunicado de la Casa Blanca, 24 de noviembre de 2008.

Estados Unidos, Guatemala, Honduras, México, Panamá, Perú y República Dominicana.

A riesgo de incinerarse en los infiernos de la historia, varios de los citados, por presión y/o represión, aceptarán gustosamente formar una alianza contra el ALBA y, si se puede, contra Unasur.

Sea lo que fuere, la mayoría de América Latina viró a la multipolaridad, y esto Obama lo constató mejor que nadie.

II. CAOS DE LA GEOECONOMÍA Y LAS GEOFINANZAS

1. *Efecto Islandia:* HACIA LA SEQUÍA CREDITICIA GLOBAL

Cuando los delirantes "sistemas de alerta temprana" y los blindajes neoliberales garantizaban que no se repetirían los aciagos descalabros, tanto bursátiles como de divisas, del cierre del siglo previo en los mercados emergentes de Asia, Latinoamérica y Rusia, el 22 de febrero de 2006 estalló el *efecto Islandia*: se desplomaron su divisa y su bolsa de valores, que en forma absurda se había incrementado 282%. Los desquiciados mercados de Brasil y Sudáfrica provocaron pánico global de venta de bonos de alto rendimiento.[1] La divisa de Islandia, la corona, se desplomó 8% en dos días y arrastró, por *efecto dominó*, a las monedas de altos rendimientos de Nueva Zelanda, Australia y Sudáfrica (pertenecientes a la anglósfera), además de Hungría y Brasil, debido a la degradación de la deuda soberana de Islandia por la calificadora británica Fitch.

Islandia, que exhibía un insostenible 15% de déficit de cuenta corriente en relación con el producto interno bruto, había sido convertida en un vulgar paraíso fiscal a la usanza caribeña, por el neoliberalismo global que gestó un género especial de *carry trade* (acarreo transaccional), donde los especuladores pedían prestado en euros a una tasa de 3% para ser colocados en bonos islandeses de mayor retorno.

Ambrose Evans-Pritchard, investigador estrella del *Daily Telegraph*, rotativo portavoz del neoliberalismo militar, puso en evidencia la agonía del modelo monetarista, y en un artículo perturbador adelantó la "sequía del océano de crédito global",[2] cuyo epifenómeno lo representó el *efecto Islandia*, pues éste desnudó las operaciones especulativas del célebre *carry trade*:

> una máquina casi ilimitada de liquidez para los bancos y los *hedge funds*. Se puede pedir prestado a tasas de interés de casi cero en Japón

[1] *The Financial Times*, 24 de febrero de 2006.
[2] *Daily Telegraph*, 24 de febrero de 2006.

o de 1% en Suiza, para dar represtado en cualquier parte del mundo que ofrece altos rendimientos, con bonos argentinos o bonos hipotecarios de Estados Unidos.

En forma más profana, el *carry trade* significa pedir prestado "en corto" y dar prestado "en largo".

Evans-Pritchard, cercano al poder británico, es autor del feroz libro *La vida secreta de Bill Clinton*, y exhuma los manejos irresponsables del *carry trade*, cuyas cifras son inconcebibles. El Banco Internacional de Pagos (BIS, por sus siglas en inglés) estima que la rotación de las divisas y las tasas de interés en el mercado especulativo de los derivados (cuya sede principal es Londres, y su *commonwealth* financiero, la anglósfera) alcanzó los escalofriantes 2.5 millones de millones de dólares (trillones en anglosajón) al día.

Según David Bloom, analista de divisas de HSBC, el principal banco británico: "El *carry trade* ha invadido cada instrumento financiero imaginable [...], todo está envenenado. Esto va a acabar y las cosas van a ponerse muy feas"; y después critica que la "gente" tenga una opinión muy optimista sobre la "marcha del capitalismo, pero esto cambiará cuando pongan atención en los desequilibrios de Estados Unidos".

Evans-Pritchard pone de relieve el *efecto Islandia*, un "movimiento que en la normalidad no hubiera sacudido a los mercados". Pero resulta que éstos no son tiempos "normales", sino de franca turbulencia, cuando el aleteo de una mariposa provoca metástasis huracanadas.

Stephen Lewis, economista de *Monument Securities*, comenta que

> existen varios miles de millones de dólares en el *carry trade* que se desembrollarán cuando ya no exhiban ganancias. Cuando el banco de Japón empiece a elevar las tasas de interés podremos ver algunos efectos espectaculares.

Se trata de una situación inédita en la historia financiera de la humanidad. Evans-Pritchard señala que el gobernador del Banco Central de Japón, Toshihiko Fukui, "dio una advertencia clara de que tal día está cercano, cuando afirmó que su país había salido de siete años de deflación".

Por cierto, el entonces primer ministro nipón, Junichiro Koizumi, contradijo los asertos triunfales de su ministro de economía, Kaoru Yosano, de que Japón "había vencido a la deflación".[3] Los japoneses se pusieron muy nerviosos porque imaginaban que su decisión de elevar las tasas de interés equivalía a un Hiroshima financiero para el mercado especulativo de dinero y divisas, y, por encima de todo, para el *carry trade*. El "momento de la verdad se acerca", sentenció Kenichiro Ikezawa, de *Daiwa SB*.

Se encuentran en juego grandes fuerzas: "inmensas compras de Bonos del Tesoro por los bancos centrales asiáticos, excedentes de *petrodólares* que regresan a los mercados de crédito de Estados Unidos", comenta Evans-Pritchard, quien no podía despedirse sin referir a Stephen Roach:

> El *carry trade* en sí mismo, en todas sus variantes, es causa mayor de peligroso exceso especulativo. Su atractivo compele tanto que crea una demanda artificial para activos susceptibles de ser prenda de éste, que tiene el potencial de convertir una apreciación normal (*sic*) de precios en los activos a proporciones de burbuja. La historia nos dice que los *carry trade* concluyen cuando los bancos centrales comienzan los ciclos de elevar las tasas de interés.

¡Adiós Greenspan y Bernanke! Acababa mal el monetarismo centralbanquista anglosajón y empezaba la nueva era del ciclo financiero del noreste asiático, que posee la mitad del total de las reservas foráneas del mundo.

2. La quiebra financiera de Estados Unidos, según Kotlikoff y la Reserva Federal de St. Louis

En el seno de una sociedad en crisis externa e interna, cunde ahora el temor de una quiebra financiera, según Lawrence Kotlikoff, investigador de la Reserva Federal de St. Louis, quien estremeció al mundo con sus hallazgos alarmantes.[4]

[3] Ap, 26 de febrero de 2006.
[4] "¿Está quebrado Estados Unidos?", *Federal Reserve Bank of St. Louis Review*, julio/agosto de 2006.

Kotlikoff no es ningún improvisado, pertenece a la elite del *establishment* de economistas de Estados Unidos: profesor de la Universidad de Boston, en su libro *La tormenta generacional que viene*, aborda en forma solvente los graves problemas fiscales que afrontarán los *baby boomers*, la generación nacida en el intervalo de 1946-1964, quienes vivieron su afluencia en forma artificial y prestada.

Kotlikoff y Ferguson, del *Financial Times*, aducían ya en 2003 que "el coloso que domina al mundo tiene pies de barro. La latente crisis fiscal del Estado benefactor de Estados Unidos implica, en el mejor de los casos, un imperio al que se le acabó el dinero".[5]

Kotlikoff nos vuelve a asombrar con su lucidez al advertir en síntesis que el colosal déficit presupuestario y la bomba de tiempo de las pensiones y la seguridad social han expuesto una brecha fiscal de 65.9 millones de millones de dólares (trillones en anglosajón), es decir, "más de cinco veces el PIB de Estados Unidos y casi dos veces el tamaño de la riqueza nacional", lo que "llevará al país a la quiebra".[6] Por lo pronto, el gobierno estadounidense está ya quebrado en la medida en que es incapaz de pagar a sus acreedores.

Desecha el alegato de que el déficit presupuestario en 2006 andaba en alrededor del 2.3% del PIB, menor a la mayoría de los países europeos, y considera que no representa una medida útil de la salud económica de Estados Unidos:

> La manera apropiada de considerar la solvencia de un país es examinar las cargas fiscales que enfrentan las generaciones presentes y futuras. Si estas cargas exceden los recursos de tales generaciones, su recaudación se torna imposible, lo que llevaría a que la política del país sea insostenible y desencadene una quiebra nacional".

A su juicio, las medidas de ajuste fiscal son "aterradoras" para quien decida eliminar el "agujero rojo" de 65.9 millones de millones de dólares: "una solución es la duplicación inmediata y permanente (*sic*) de los gravámenes a los ingresos personales y empresariales".

[5] *The Financial Times*, 14 de julio de 2003.
[6] *Idem*.

¿Tendrá las agallas de implementarlas *Baby* Bush, instrumento de la plutocracia petrolera, además de tener que afrontar una segura revuelta ciudadana? Otra solución: "un recorte inmediato y permanente (*sic*) de las dos terceras partes de los beneficios de las seguridades social y médica". Sin duda, ésta sería la óptima solución de la plutocracia, que tendría que imponer una dictadura militar con cubrefuego "permanente", si es que no se rebelan antes los mal pagados soldados, quienes han sido empleados para las peores tareas sin gratificación pecuniaria.

Una tercera alternativa, en caso de ser factible, "sería recortar en forma inmediata y permanente (*sic*) todos los gastos discrecionales en 143%". ¿Y quién va a llevar, entonces, "la democracia, la libertad y los derechos humanos" al mundo entero mediante los gastos bélicos que lubrican la maquinaria del complejo militar-tecno-industrial de Estados Unidos?

La situación es trágica frente al *trilema* planteado, que desemboca en un *impasse* y en una aporía. Dada la "irresponsabilidad fiscal de ambos partidos", el escenario más probable para mantener la solvencia es el que finalmente se dio, esto es, que el gobierno simplemente: "imprima más dinero para pagar sus deudas".

3. Fecha de la muerte del capitalismo global: 14 de marzo de 2008

Martin Wolf, el ya mencionado editor de Economía de *The Financial Times*, justamente cuando el modelo había derrapado, comenta "las semillas de su propia destrucción" del neoliberalismo: "otro dios ideológico ha sucumbido", decreta la fecha de las exequias de la desregulada globalización financiera neofeudal en el momento en que Ben Shalom Bernanke rescató de su quiebra al quinto banco estadunidense, Bear Stearns: "Recuerden el viernes 14 de marzo de 2008: fue el día en que el sueño del capitalismo del libre mercado global feneció".[7]

Luego fulmina: "con su decisión para rescatar Bear Stearns, la Reserva Federal (Fed), institución responsable de la política monetaria en Estados Unidos, principal protagonista del capita-

[7] *The Financial Times*, 25 de marzo de 2008.

lismo de libre mercado, declaró que su era había concluido". Y agrega como último clavo en el féretro del putrefacto capitalismo neoliberal, las declaraciones de Joseph Ackermann, jerarca de Deutsche Bank, el principal banco de Alemania: "No creo más en el poder autocurativo de los mercados. La desregulación alcanzó sus límites".

Cualquiera que haya leído el libro *El lado oscuro de la globalización: post-globalización y balcanización*,[8] que recopila textos a partir de 1997, y nuestras contribuciones a Bajo la Lupa desde hace ocho años, no se asombrará de la coincidencia de opiniones entre Wolf, Ackermann y quien esto escribe, sobre la crisis terminal del modelo neoliberal, que, desde el punto de vista estructural y no ideológico, diagnosticamos desde hace más de diez años.

Siempre comentamos que lo único que faltaba era el sacerdote que oficiaría las exequias cuya identidad ya se sabe: Ben Shalom Bernanke, quien heredó el mayor cataclismo financiero de la historia de la humanidad creado por su antecesor, el locuaz Alan Greenspan.

La "desilusión" de Wolf, combinada con una notable honestidad intelectual, se acopla a la medida de su infantilismo ideológico, quien llegó "a soñar (*sic*) que la desregulación financiera del mercado de riesgo (*securitisation*) conseguiría apartar a los gobiernos de su intervención".

En realidad, el desregulado neoliberalismo neofeudal que practica la banca israelí-anglosajona, siempre epitomizó la "privatización de las ganancias y la socialización de las pérdidas" en forma parasitaria. A diferentes niveles y dimensiones, pero a final de cuentas sin diferencia alguna con los megafraudes de los hermanos Martin y Alejandro Werner Wainfeld en la Secretaría de Hacienda, totalmente controlada por la banca israelí-anglosajona, ni del tuxpeño Roberto Hernández Ramírez, con los felones de la banca privada de Wall Street.

Sin contar los revolventes riesgos inherentes a la "desregulación" del modelo neoliberal, es decir, su "contabilidad invisible" (*off-balance sheet*) y sus "paraísos fiscales" (*off-shore*), ambos diseñados para piratas, Wolf pone el dedo en la llaga sobre la "ineficiencia" del modelo neoliberal rescatado por los bancos centrales

---

[8] Ed. Cadmo & Europa.

del G-7: "un casino desregulado y subsidiado que no asigna los recursos correctamente".

No es el ridículo "fin de la historia" fukuyamesco, pero sí el "fin de la histeria" bursátil del desregulado neoliberalismo neofeudal. El gran poeta californiano Robert Frost, citado por el economista de Harvard Kenneth Rogoff y por el mismo Wolf, describió los peligros tanto de la "ruina financiera", que asemejó al "fuego", como de la "inflación", que comparó al "hielo", que se abaten sobre los humanos. Wolf admite que "son tiempos peligrosos, pero también históricos" y pone en tela de juicio "las pasadas tres décadas", en momentos en que "Estados Unidos ha mostrado los límites de la desregulación".

Las "implicaciones serán globales, extensas y de largo plazo", sentencia Wolf. Así que todo el demencial experimento neoliberal de México que transcurre desde hace 26 años —es decir, desde De la Madrid Hurtado, Salinas, Zedillo, Fox y los aciagos 16 meses de Calderón, sumado de la superchería "intelectual" de Joseph-Marie Córdoba, del Grupo Nexos, y la dupla Krauze Kleinbort-Castañeda Gutman— no sirvió para nada, peor aún: nos hizo perder un cuarto de siglo. En Hong Kong, desde las antípodas de Wall Street, Chan Akya fustiga a los "nuevos brahmanes",[9] la nueva casta de banqueros que son rescatados de sus quiebras con el dinero de los contribuyentes, lo que ha llevado a la "desaparición" (*sic*) del sistema anglosajón: "la Fed consiguió en un par de meses lo que tomó siete décadas a la Unión Soviética, es decir, destruir el capitalismo global de mercado del sistema anglosajón".

Califica a los gobernadores de los bancos centrales del G-7 (extensivo a sus caricaturas grotescas de Iberoamérica) como "totalmente corruptos, además de ser terriblemente incompetentes".

Se mofa de la "inflexibilidad de la política monetaria" del Banco Central Europeo que "alegremente rescata cada banco que se le arroja a sus pies". Desmonta impecablemente el fracaso de los rescates bancarios de Japón y del "socialismo (*sic*) de mercado" de Suecia, que ha sido imitado en forma insensata por la Fed.

El dramaturgo conservador e "historiador de las ideas" de Oxford, David Selbourne, resalta la "crisis profunda" de Gran

---

[9] *Asia Times*, 29 de marzo de 2008.

Bretaña y su retroceso que compara a "la mitad del siglo XVII", cuando se gestó la Revolución de Cromwell y la población se encontraba "loca de libertad" (como ahora): "con las economías occidentales ampliamente supeditadas al consumismo, que se ha vuelto la medida del progreso nacional, las democracias liberales han tropezado hacia la oscuridad".[10]

Entonces, ¿México no retrocedió un cuarto de siglo con el neoliberalismo, fue mucho peor: retrocedió hasta la mitad del siglo XV de la conquista española?

En el 2007 ya habíamos señalado que

> Los bancos centrales del G-7 prefieren una crisis financiera global a tener que sacrificar el modelo capitalista. La gestión de las múltiples burbujas greenspanianas llevó a una megaburbuja teratológica que es preferible dejar estallar antes de que arrase con todos los jugadores. No es poca cosa, se trata del estallido del sistema de *flotación* impuesto unilateralmente por Nixon en 1971, que se sumó a la desregulada globalización financiera feudal de 1991. Habrá que ver cómo se repone el sistema capitalista de su orgía especulativa, que pone en riesgo su propia existencia y la supervivencia del género humano. Se muere una burbujeante era financiera de 35 años.

4. "Sodoma y Gomorra" de las finanzas anglosajonas

El infalible y sacrosanto "mercado" de la alucinación neoliberal ha sido arrojado al basurero de la historia. La grave crisis financiera global, cuyo epicentro se focaliza en el G-7, no constituye el fin del mundo pero sí el del capitalismo financierista que predominó durante casi cuatro siglos a los dos lados del océano Atlántico,[11] y que Estados Unidos llevó en forma demencial a extremos antigravitatorios.

Desde el punto de vista conceptual, la gran tragedia del capitalismo posmoderno radica en su metamorfosis inesperada, una

---

[10] *The Spectator*, 26 de marzo de 2008-
[11] Giovanni Arrighi y Beverly J. Silver, *Caos y gobernanza del moderno sistema mundial*, University of Minnesota Press, 1999.

II. CAOS DE LA GEOECONOMÍA Y LAS GEOFINANZAS   67

verdadera transmogrificación, que resalta la incoherencia de su articulación lingüística al pervertirse en un "socialismo de Estado" que pretende sobrevivir en medio de su naufragio gracias a la nacionalización (mejor dicho estatización) de sus quebradas empresas privadas por los bancos centrales —es decir, con el dinero de los ciudadanos en manos gubernamentales— quienes deciden dictatorialmente el flujo selectivo de los ahorros de un país.

En el mercado librecambista monetarista no existe la democracia financiera cuando el ahorro ciudadano sirve en última instancia para rescatar a la parasitaria banca privada totalmente insolvente.

Es tan antidemocrática, amén de misántropa, la decisión unilateral de los bancos centrales del G-7 —entre quienes destaca la Reserva Federal— que llegan al colmo de penalizar a los ciudadanos mediante la expulsión masiva de sus empleos.

Se rescata a la "plutocracia comunista" anglosajona, no a los empleados, quienes aportan el grueso de los capitales de las cuentas de la Reserva Federal y la Secretaría del Tesoro, ya no se diga los tramposos fondos de pensiones: uno de los mayores engaños que usa el ahorro de los empleados para subsidiar a sus patrones quienes pagan muy pocos impuestos (cuando no evaden en los paraísos fiscales, diseñados *ex profeso* por la piratería financiera anglosajona).

Este es el "capitalismo comunista" posmoderno que rompe con las categorías semánticas en las que supuestamente se basaba su carácter invencible: privatización de las ganancias y socialización de las pérdidas.

En el frente externo la metamorfosis del capitalismo financierista, en su fase neoliberal de mayor descomposición cerebral, es más grotesca y arriesgada para la seguridad nacional del G-7 expuesta a la captura foránea: rescate de las quebradas empresas privadas de la "plutocracia comunista" anglosajona por los Fondos Soberanos de Riqueza (FSR), de propiedad estatal, como los de China, país nominalmente comunista.

Si ahora el dinero es el "rey", como expectoran los desacreditados seudoanalistas de Wall Street y *la City* , entonces los poseedores de los FSR, marcarán los tiempos del futuro inmediato. Los FSR, que andan en más de 3.3 billones de dólares (trillones en anglosajón), se encuentran en manos del BRIC (Brasil, Rusia,

India y China), de los exitosos países exportadores asiáticos y de las petromonarquías del Golfo (la excepción es México, con todo y sus excesivos ingresos petroleros, —es patética).

Asistimos a la segunda fase de desintegración del sistema financiero anglosajón. La primera, relativamente benigna, lidió con el estallido de los *subprime* (hipotecas de baja calidad crediticia) y ahora, la segunda, más perniciosa, expondrá a la luz del día a los tóxicos Credit Default Swaps (CDS).

Falta la tercera, la peor de todas: la exposición contable de los "derivados financieros" por mil millones de millones (un cuatrillón en anglosajón) escondidos en las clandestinas "cuentas invisibles" (*off-balance-sheet*) de los piratas paraísos fiscales (*off-shore*) que representan el "nivel 3" (deudas incobrables e impagables) de la insolente e insolvente banca anglosajona.

Fin del mundo de la deuda excesiva y su crédito ultralaxo que ceden su lugar al ahorro frugal y al crédito responsable (un adjetivo eviscerado de su contenido semántico, ético y estético a los dos lados del Atlántico). Los siquiatras, expulsados de los manicomios financieros, retoman el mando clínico y el cuidado de los alienados neoliberales quienes se habían rebelado durante toda la desregulación (término que en salud mental significa sicosis). "Neoliberal" es ya equiparable al sicópata funcional.

Nunca como ahora se aplica mejor la metáfora bíblica de Sodoma y Gomorra, que simbolizan el mayor grado de concupiscencia y lascivia del género humano, cuya destrucción total ilustra el aniquilamiento del sistema financiero neoliberal anglosajón.

Hasta el ex candidato presidencial del Partido Republicano, John McCain, a quien le afecta más que a Obama el entorno de la grave crisis financiera global, no ha tenido más remedio que denunciar, contra su propia ideología librecambista, la "corrupción y codicia sin frenos" de los "especuladores" de Wall Street. Las imprecaciones del bélico McCain rememoran las maldiciones del profeta Isaías cuando Wall Street y *la City* se han convertido en las nuevas Sodoma y Gomorra de las finanzas globales en plena degradación.

En medio de las acrobacias contables y las masivas inyecciones de liquidez de Henry *Hank* Paulson, secretario del Tesoro, y Ben Shalom Bernanke, gobernador de la Reserva Federal —dos burócratas que nunca han detentado un puesto de elección popular y parecen haber agotado sus municiones—, retumba la candidez inigualable de Harry Reid, líder de la mayoría del Senado, quien espetó que "nadie (¡súper *sic*!) sabía cómo responder a las turbulencias de Wall Street. [...] Pueden preguntar a Bernanke y a Paulson: no saben qué hacer. Pero intentan aportar ideas (¡extra *sic*!)".[12]

¿Dónde anda oculto *Baby* Bush? Escondió la cabeza como temerosa avestruz ante la tormenta.

Dominique Strauss-Kahn, director galo del Fondo Monetario Internacional, considera que todavía lo peor no sucede, mientras el locuaz Jacques Attali, ex director del Banco Europeo de Reconstrucción y Desarrollo, afirma que la presente crisis se parece a la de 1929, con la diferencia de que en la actualidad, debido a la mayor interconectividad, su amplitud es superior. A su juicio, el problema radica en el ocultamiento contable de activos de mala calidad.[13]

Increíble: el neoliberalismo financiero se pulverizó por entropía propia. Lo grave es que arrastra a tirios y troyanos en su desgracia cataclísmica.

Marc Pitzke, corresponsal de *Spiegel Online America*, sentencia que "acabó el mundo como lo conocimos". Aduce que se trata del "fin de una era" cuando los "fundamentos del capitalismo de Estados Unidos se han destrozado". Concluye así la "era del capitalismo sin frenos de la economía de libre mercado en Estados Unidos".[14]

Lo mejor, como en Sodoma y Gomorra, es no voltear hacia atrás.

5. ¿RECESIÓN GLOBAL, *CRASH* DEL DÓLAR E INCUMPLIMIENTO DE PAGOS EN ESTADOS UNIDOS?

Una de las consecuencias del reajuste geopolítico del *tsunami* financiero en curso ha sido el espectacular acercamiento estratégico de China con Japón,[15] acercamiento que beneficiará al yen

---

[12] Hill, 17 de septiembre de 2008.
[13] Talk Orange-Le Figaro, 17 de septiembre de 2008.
[14] *Der Spiegel Online*, 18 de septiembre de 2008.
[15] *People's Daily*, 22 de septiembre de 2008.

nipón en detrimento del dólar e intentará minimizar el daño a las pletóricas reservas de divisas del Banco del Pueblo de China.

Un autor anónimo que se presenta en *China Daily*[16] como "director del Centro de Estudios de Seguridad Económica de los Institutos Chinos de Relaciones Internacionales Contemporáneas" comenta que "desafortunadamente las medidas de emergencia de Estados Unidos, la Unión Europea y Japón, alivian temporalmente la tensión en los mercados financieros"; y expone las "reservas agotadas (¡súper *sic*!) del Tesoro de Estados Unidos", así como el "efecto dominó" de las quiebras.

Mientras tanto, Stephen Roach, jefe en Asia de la atribulada Morgan Stanley, realiza la "anatomía de la pulverización". Por cierto, Roach fue uno de los principales previsores de las graves fallas de la Reserva Federal en la fase terminal del hoy universalmente vilipendiado Alan Greenspan, pero luego se equivocó rotundamente al darle demasiado crédito a las medidas preventivas de Ben *Shalon* Bernanke.

Desde su radar inigualable, tanto en Asia como en su atribulado banco (del que adquirió 20% el grupo financiero japonés Mitsubishi UFJ), aborda la próxima secuencia financiera y sus repercusiones económicas. Afirma que el crecimiento del PIB global, que promedió 5% de 2004 hasta 2007, se encamina a 3.5%, que juzga "alejado del desastre".

Aquí exhibe su primera contradicción, al considerar que el sistema financiero de Estados Unidos "se encuentra fuera de control". ¿Cómo puede un sistema descontrolado e incontrolable encontrarse "alejado del desastre"? No estamos incitando al desastre, pero es pertinente tener en el radar mental tal escenario indeseable, aunque sea como remota posibilidad.

Lo interesante de la secuencia de Stephen Roach, desde su perspectiva indomable sobre la vigencia de la globalización, es que marca el piso de los sucesos por venir en "tres fases distintas del proceso de ajuste", en la interacción "entre los mercados financieros y la economía real".

Su primera fase desmenuza la crisis crediticia: considera que el proceso de deglución de la mala deuda anda avanzado en 65%, lo que nos parece demasiado hiperoptimista, cuando lo peor está

[16] *China Daily*, 19 de septiembre de 2009.

por ocurrir. Es probable que el sesgo de su análisis financiero provenga de su cargo.

Su segunda fase diagnostica la economía estadounidense: aduce correctamente que el "evento mayúsculo es la capitulación (*sic*) de los consumidores de Estados Unidos", sobre endeudados y cortos de ingresos, que habían llevado el frenesí consumista a 72% de su PIB. Considera que los ajustes en la economía estadounidense van apenas en 20%.

La tercera fase versa sobre la economía global y sus vínculos con Estados Unidos: la manufactura de China y Japón ha empezado a reducir sus embarcaciones al país norteamericano, cuyas reverberaciones han golpeado a la Unión Europea. Recuerda que las exportaciones asiáticas, 45% del PIB regional en 2007, redundaron en su acelerado crecimiento que se volvió dependiente de la demanda externa en la que el consumidor de Estados Unidos era el rey. Después de dos años de un crecimiento a 12% del PIB, China se desaceleró a 10% en el segundo trimestre de 2008, mientras se han debilitado las economías de Japón y Europa que "representan colectivamente 30% del total de las exportaciones de China".

Vaticina para 2009 otra caída del PIB chino a 8%. Se hace evidente que Stephen Roach es más realista en economía que en finanzas y que la caída de 4% del PIB chino en un lapso de dos años afectará notablemente la demanda del mercado de las materias primas (aunque no necesariamente su cotización, debido al desplome del dólar).

Luego, juzga que la economía de Japón es todavía "más precaria", ya que se ha estancado a 2% en los años recientes, lo que hace probable una recaída en recesión. Se desprende que China exhibe un "inmenso colchón", pese a todo.

Pero Stephen Roach no pierde su entusiasmo por la globalización a la que señala como la causal del auge global, en particular el asiático de 2002 a la mitad de 2007. Nada más que ahora la "conectividad" está golpeando en la cabeza asiática.

Llama la atención el común denominador de la disminución de 2% del crecimiento global que Roach aplica indistintamente en los cuatro principales motores de la economía mundial (Estados Unidos, Unión Europea, China y Japón) y ni siquiera se toma la molestia de escudriñar a los otros tres gigantes del

BRIC, es decir, a Brasil, Rusia e India; ya no se diga a la despreciada Latinoamérica, a la que, por cierto, la Cepal vaticina un crecimiento de 6%, con la notable excepción de la mediocridad del "México calderonista" en plena degradación. ¿Y qué tal si el PIB global, al contrario del diagnóstico sesgado de Stephen Roach, disminuye mucho más, abajo del umbral de 3% que el Fondo Monetario Internacional define como "recesión global", cuando el *tsunami* financiero apenas se encuentra en su fase preliminar?

Mientras el locuaz Jaques Attali, ex director del Banco Europeo de Reconstrucción y Desarrollo, augura una guerra inevitable como reajuste geopolítico a las turbulencia financieras globales, existen otros analistas a quienes por lo menos habría que tomarse la molestia de escuchar, por más sombrías que fuesen sus conclusiones.

John Taylor, presidente de la empresa neoyorquina International Foreign Exchange Concepts, la mayor firma de *hedge-funds* (fondos de cobertura de riesgos) de divisas del mundo, pronostica que el rescate colosal del gobierno bushiano "aplastará la cotización del dólar",[17] escenario al que se adhiere Tim Bond, de Barclays Capital, quien vislumbra el "riesgo de una mayor inflación"[18].

Después de exponer la transferencia de riqueza al BRIC y a las petromonarquías (la tesis de Bajo la Lupa), Roger Cohen aborda el "despellejamiento (*sic*) de Estados Unidos" y reporta una charla con el representante Barney Frank, jefe del Comité de Servicios Financieros de la Cámara de Representantes, quien confiesa que Estados Unidos cesó de ser "el poder mundial dominante"[19]¡Como si no lo supiéramos!

Por su parte, Liam Halligan, jefe de los economistas de la londinense Prosperity Capital Management, considera que la inundación de liquidez por el gobierno bushiano no ha tenido efecto en las "tasas interbancarias de largo plazo que han permanecido neciamente (*sic*) altas", lo que en su conjunto puede desembocar en el "incumplimiento de pagos" (¡súper *sic*!) de Estados Unidos,

---

[17] Yvette Essen, *The Daily Telegraph*, 21 de septiembre de 2008.
[18] *The Times*, 21 de septiembre de 2008.
[19] *IHT*, 21 de septiembre de 2008.

lo que ha cesado de ser un escenario "impensable",[20] ¿Quién va a rescatar ahora a la Reserva Federal y a la Secretaría del Tesoro de Estados Unidos?

6. ¿Estados Unidos declara la guerra financiera al mundo?

El *tsunami* financiero está revelando acontecimientos rocambolescos difíciles de digerir para un ser racional que maneje aritmética elemental.

El Reloj Nacional de la Deuda (RND), que aparece en una pantalla cerca de Times Square en Nueva York, ya no cuenta con los dígitos suficientes para contabilizar la deuda del gobierno estadounidense (que no toma en cuenta la deuda estatal y municipal, ni la de los seguros médicos, las jubilaciones, ni, mucho menos, la de las empresas privadas y las cuentas personales). La pantalla del RND se instaló en 1989 para poner en evidencia pública los 2.7 billones (trillones en anglosajón) de dólares de aquel entonces, pero ahora es insuficiente cuando la deuda ha superado los 10 billones que agotaron sus dígitos.[21]

Linda Sandler,[22] de Bloomberg, develó en forma espeluznante que la unidad de corretaje Lehman Brothers Holdings Inc. sacó de Estados Unidos más de 400 mil millones de dólares en activos, meses antes que su matriz se declarara en quiebra. Lo perturbador del asunto es que la quiebra fue reportada con una contabilidad añeja de cuatro meses atrás. La desaparición extraña (que conste que nos encontramos en el siglo XXI), según Hughes Hubbard & Reed, firma legal representante del banco durante la audiencia de quiebras en una corte de Manhattan, fue debida a la pérdida de valor causada por "cambios en el mercado". ¡Cómo no!

¿En qué cueva de Alí Baba habrán sido escondidos los 400 mil millones de dólares?

Pues la controvertida The Voice of the White House[23] causó revuelo al acusar que los misteriosos 400 mil millones fueron gi-

---

[20] *The Daily Telegraph*, 21 de septiembre de 2008.
[21] BBC, 9 de octubre de 2008.
[22] Linda Sandler, Bloomberg, 27 de septiembre de 2008.
[23] thetruthseeker.com.uk (2 de octubre de 2008).

rados a Israel antes de la quiebra de Lehman Brothers Holdings Inc. cuando "los negocios estadounidenses envían frenéticamente por vía electrónica inmensas cantidades de dinero a los bancos de Israel", específicamente al Grupo Hapoalim, Banca Leumi y al Israel Discount Bank. ¿Será?

El banco Hapoalim es el primer banco de Israel que fue adquirido por el difunto Ted Arison, especialista en "cruceros del amor" caribeños y transatlánticos desde la plaza imbatible de Miami, y connotado evasor de impuestos en Estados Unidos.

La Banca Leumi poseía 85 mil millones de dólares en activos (ahora han de ser más tras el presunto maná milagroso de Nueva York) y cuenta con sucursales en 21 países. El banco está vinculado a la empresa global de *hedge funds* (fondos de coberturas de riesgo) Cerberus-Gabriel (Cerberus Capital Management) involucrada en un pestilente escándalo de contratos del Pentágono y la CIA, donde salieron beneficiados el vicepresidente Dick Cheney, el anterior vicepresidente Dan Quayle y el anterior secretario de Defensa Ronald Rumsfeld, así como congresistas del Partido Republicano y la petrolera Halliburton.[24]

El Discount Bank es el tercer banco más grande de Israel y hasta 2007 estuvo controlado por Matthew Bronfman, quien renunció a su consejo de administración, debido a escándalos de conflicto de interés. La macabra historia de la dinastía Bronfman amerita una enciclopedia especial.

Los bandidos banqueros, valga la tautología, han demostrado que son, porque no han cesado de serlo, los verdaderos amos del mundo neoliberal, como se desprende de los beneficiados por el rescate Paulson-Bernanke-Bush. Cualquier parecido en México con el Fobaproa/IPAB del cordobista Zedillo es mera coincidencia.

Desapareció el mercado —que, en realidad, nunca existió porque estaba controlado por la clepto-plutocracia de Wall Street y *la City*— y su lugar ha sido tomado ahora por una lucha por el poder mundial con armas financieras.

Los rescates masivos a los dos lados del Atlántico buscan impedir el colapso financiero y salvaguardar mínimamente las estructuras bancarias averiadas, pero, de paso, aprovechan para mantener a flote sus divisas (el alza artificial del dólar) y asestar

---

[24] *Daily Kos*, 10 de marzo de 2008,

algunos golpes bajos a las materias primas enemigas del G-7 (en particular, el petróleo) y a las finanzas rusas.

El colosal rescate británico por casi un millón de millones (trillón en anglosajón) constituye *de facto* una nacionalización total de su sistema bancario que se encontraba en el séptimo círculo del infierno dantesco (el de los usureros).

Los recientes "rescates" del G-7, que sin miramientos han afectado intereses de terceros y se han cobrado facturas pendientes con sus adversarios geopolíticos y geoeconómicos,[25] han llevado a la OPEP a convocar a una junta de emergencia (de ahora en adelante ante el *tsunami* estadounidense todo será de carácter urgente) para intentar detener la caída del oro negro debajo de los umbrales permisibles, lo que también vulnera a grandes productores como Rusia. ¿Se trata de una "guerra financiera global" que ha declarado Estados Unidos y que no se atreve a pronunciar su nombre?

Es muy extraña la actitud de Irlanda[26] que ha desestabilizado con peculiar dedicatoria sádica a Alemania, en especial, después de su alianza estratégica con Rusia.[27] En forma similar, Irlanda había saboteado la Constitución conjunta de la Unión Europea, hazaña en la que varios analistas detectaron la "mano invisible", ya muy vista del régimen torturador bushiano para descarrilar al viejo continente y al euro.

Una vez más y en forma audaz para una diminuta economía con un PIB nominal de 258 mil 600 millones de dólares (frente a Alemania, con un PIB nominal de 3.32 billones de dólares, es decir, casi 13 veces mayor), Irlanda "extendió las garantías de depósitos a los bancos foráneos" que operan en su seno, primordialmente el Ulster Bank, First Active, HBOS, IIB Bank y Postbank, según Tony Bonsignore.[28] ¿De dónde sacará tanto dinero Irlanda, agobiada por la recesión? ¿Opera Wall Street su "mano invisible" ya muy vista detrás de las asombrosas medidas irlandesas que han desestabilizado también al euro, lo que ha beneficiado en forma artificial la elevación antigravitatoria del dólar condenado al cadalso?

---

[25] "El síndrome Sansón", *La Jornada*: Bajo la Lupa, 1 de octubre de 2008.
[26] Véase *La Jornada*: Bajo la Lupa, 8 de octubre de 2008.
[27] Véase *La Jornada*: Bajo la Lupa, 5 de octubre de 2008.
[28] Citywire.uk, 9 de octubre de 2008.

Como Rusia y Alemania, las dos principales potencias europeas (vistas en forma integral), no están mancas ni lisiadas, pues también han adoptado medidas defensivas y hasta contraofensivas muy efectivas.

Stratfor,[29] centro de pensamiento texano-israelí vinculado al Pentágono, destaca la magistral jugada financiera rusa de alcances geoestratégicos al acudir al rescate, mediante 5 mil 400 millones de dólares, que valen oro molido en esta coyuntura, de Islandia: miembro de la OTAN e íntimo aliado de Estados Unidos, pero declarada en quiebra financiera oficial. Sea lo que fuere, Rusia se posicionó más cerca de la costa del Atlántico de Estados Unidos.

Asistimos a una redistribución de la riqueza mundial y a un nuevo reordenamiento geopolítico global.

7. ¿Próxima bancarrota de Estados Unidos
   y su "nuevo dólar"?

La confiable publicación europea Global Europe Anticipation Bulletin (*GEAB*),[30] del Laboratorio Europeo de Anticipación Política (LEAP/E2020) —que ha sido la más acertada en sus pronósticos sobre el *tsunami* financiero estadounidense, en medio de la vulgar desinformación de los multimedia anglosajones diseñados para engañar a tantos tontos, neófitos y cándidos—, se arriesga a vaticinar la "bancarrota (¡súper *sic*!) del gobierno de Estados Unidos antes del verano de 2009" con el fin de "evitar pagar a sus acreedores (tenedores de los Bonos del Tesoro y las acciones de Fannie Mae y Freddie Mac, etcétera)", lo que afectará negativamente a quienes posean "activos en dólares".

Durante este perturbador periodo el gobierno de Estados Unidos instituirá un "nuevo dólar" (con el fin de "remediar el problema de la bancarrota y la masiva fuga inducida de capitales de Estados Unidos").

---

[29] Stratfor, 8 de octubre de 2008.
[30] *GEAB* núm. 28, 16 de octubre de 2008.

¿Será el clandestino *amero* mediante el cual Estados Unidos garantizaría su emisión con los hidrocarburos de México y Canadá?

A juicio de *GEAB*, la bancarrota y la emisión del "nuevo dólar" serían resultado de cinco factores:

1. El alza artificial y antigravitatoria del dólar "es una consecuencia directa y efímera del colapso de los mercados bursátiles". No lo dice *GEAB*, pero tal elevación insostenible, ha servido a la "guerra financiera" global que el régimen torturador bushiano ha declarado al mundo para no desplomarse solo en su desgracia y que pretende llevarse entre las piernas a otras divisas competitivas, como el euro y, con particular dedicatoria, al petróleo. Puntualicemos que en este periodo de la ya inexorable decadencia y decrepitud de Estados Unidos, sigue vigente la ecuación en la que el dólar y el petróleo cotizan en forma inversamente proporcional, como detectamos a partir de marzo de 2004 cuando afloró la catastrófica derrota militar de Estados Unidos en Irak.

2. "El euro, gracias a su reciente bautizo político, se ha vuelto un refugio seguro y creíble de valor", así como una "alternativa frente al dólar durante la crisis". A nuestro juicio, aquí se desprende la feroz batalla, una "guerra financiera" que no se atreve a pronunciar su nombre, que se libra entre el dólar y el euro justamente para atraer los pletóricos capitales en búsqueda de una divisa segura —que paradójicamente no abunda en el planeta—, y que se han ido a refugiar al oro y a la plata que han mantenido relativamente confiable su cotización, en espera de su inminente disparo.

3. "La deuda pública de Estados Unidos se ha hinchado en forma incontrolable". A nuestro juicio, y sin contar los "derivados financieros" virtuales y antigravitatorios que ascenderían a un cuatrillón de dólares en anglosajón (mil millones de millones o diez a la décimo quinta potencia) o mil billones en castizo la deuda de Estados Unidos es sencillamente impagable cuando sus "hogares" (constituidos por tres personas, de acuerdo con su usanza estadística), ingresan un promedio de 50 mil dólares al año y adeudan entre medio millón y un millón de dólares (dependiendo de quién realice los artilugios contables). Cuando los países serios del mundo huyen de sus tenencias en dólares (con la excepción demencial del masoquista Banco de México, en la etapa aciaga del jihadista neoliberal Ortiz Martínez, especialista en

dilapidar las reservas), el gobierno de Estados Unidos enfrenta dos opciones: elevar considerablemente los impuestos (en particular, a su insolente e insolvente plutocracia especializada en evasión fiscal) y/o imprimir más papel chatarra ("el modelo Bernanke" y su célebre "helicóptero" desde donde lo distribuiría masivamente), lo que desembocaría en una hiperinflación y un mayor desplome del dólar, lo cual tendría como único efecto benéfico solventar su deuda que sería reducida a su mínima expresión. Quizá en la fase ulterior aparezca mágicamente el "nuevo dólar" (¿el *amero?*).

China ha descubierto el diabólico juego financiero bushiano que pretende desplomar el valor del "viejo dólar" para pagar menos deuda y exportar más: "Estados Unidos continúa su objetivo de largo plazo de devaluar el dólar", según un editorial del *People's Daily*[31] que expresa que el "rescate Paulson sumerge al mundo entero en una ola fresca (*sic*) de crisis financieras" debido a la "inundación de papel dólar que forzará la inflación en los precios de las principales materias primas", por lo que aconseja sabiamente la "unificación de los esfuerzos de los gobiernos para combatir la crisis financiera y empujar las reformas en los sistemas financiero y monetario internacionales con el fin de doblegar la hegemonía ejercida por los dólares en la economía mundial". ¡De acuerdo!

4. "El colapso en curso de la economía real de Estados Unidos previene encontrar una solución alternativa a su bancarrota". Además del contagio global de la toxicidad de Estados Unidos (el país más irresponsable del mundo), aquí radica, a nuestro juicio, el mayor escollo, por lo que urge instituir un "nuevo Bretton Woods" multipolar.

5. "La única pregunta que queda es si Estados Unidos sufrirá una fuerte inflación o una hiperinflación".

GEAB pone en evidencia el "desacoplamiento" entre Estados Unidos y "*Eurolandia* y el resto del mundo, que parecen determinados a ejercer sus propias opciones". ¡Ojalá! Aventura el escenario de que

> *Eurolandia*, Asia y los productores de petróleo, así como los ciudadanos de Estados Unidos, descubrirán una mañana del verano de

[31] People's Daily, 7 de octubre de 2008.

2009 que, después de un largo fin de semana o un receso bancario en Estados Unidos, sus Bonos del Tesoro y sus dólares solamente valen 10% (¡súper *sic!*) de su valor debido a que un nuevo dólar ha sido impuesto.

Advierte contra la insanidad de invertir en Estados Unidos en instrumentos en dólares, cuando la Bolsa de Valores de Nueva York (NYSE, por sus siglas en inglés) revisó todos sus umbrales de circuitos electrónicos como resultado del colapso de las cotizaciones.[32]

Llama poderosamente la atención la coincidencia del recalentamiento del proyecto del amero: la divisa común tripartita entre Estados Unidos, Canadá y México presuntamente acordada en forma secreta por *Baby* Bush, el premier Paul Martin y el locuaz Fox en Waco (Texas) el 23 de marzo de 2005, como extensión del TLCAN y el ASPAN[33] —a los que habría que agregar la implementación de la Iniciativa Mérida (Plan Colombia) y el proyecto de incorporación de México al Comando Norte y a la Defensa Nuclear en el Espacio de América del Norte (NORAD, por sus siglas en inglés), con bendición calderonista-beltronista.

El diseño del amero fue realizado por Daniel Carr, mientras el polémico Hal Turner, anterior locutor de radio despedido de su puesto, asevera en un video público que el Departamento del Tesoro ha pasado a la etapa de acuñación masiva al grado de haber enviado algunas muestras a China.[34]

¿Los hidrocarburos de México y Canadá para rescatar de su bancarrota a Estados Unidos y a su "viejo dólar" mediante el "amero"?

8. G-20: HEGEMONÍA DEL DÓLAR SIN TOCAR

En referencia a la fallida cumbre del G-20 de Washington, el *Europe 2020/GEAB*[35] destaca el "fin del monopolio occidental, sobre todo anglosajón". Para el centro prospectivista europeo tales cumbres demuestran la

[32] NYSE/Euronext, 30 de septiembre de 2008.
[33] Drake Bennett, *IHT*, 25 de noviembre de 2007.
[34] youtube.com (9 de octubre de 2008).
[35] *GEAB*, núm. 29, 16 de noviembre de 2008.

ineficacia frente a la crisis, ya que se limitan a tratar los síntomas (derivados financieros de los bancos y otros *hedge funds*, volatilidad extrema de las divisas y los mercados financieros, etcétera) sin tratar la causa principal de la crisis sistémica global actual; es decir, el desplome del sistema de Bretton Woods fundado sobre el dólar estadounidense como el pilar del edificio monetario mundial.

El G-20 (con *Baby* Bush, pero sin Obama) no modificó el dolarcentrismo del caduco sistema Bretton Woods y

a partir de ahora hasta el verano de 2009, la quiebra del sistema presente y de Estados Unidos, que representa su núcleo, empujará al conjunto del planeta a una inestabilidad económica, social, política y estratégica sin precedentes, marcada principalmente por la ruptura del sistema monetario mundial en el verano de 2009. [Parece que hay que] "pasar por esta catástrofe (¡súper *sic*!) para que los problemas de fondo sean abordados en forma concreta".

Enumera "cuatro fenómenos fundamentales" que desplomarán al sistema en el curso de 2009:
1. "Debilidad acelerada de los históricos actores centrales: Estados Unidos y Gran Bretaña". Es notable la coincidencia con Bajo la Lupa.[36]
2. "Tres visiones del futuro sobre la gobernabilidad global van a dividir a los principales actores mundiales (Estados Unidos, eurozona, China, Japón, Rusia y Brasil) a partir de la primavera de 2009". No especifican las tres visiones, que no son tan difíciles de elucidar y que, creemos, se trata de la anglósfera, Europa continental (sumada de la reciente alianza estratégica de Rusia y Francia en la cumbre de Niza) y China. Llama la atención la asombrosa ausencia de India y la carencia de una cosmogonía sudamericana ("Latinoamérica" hace mucho que dejó de existir al haber sido aniquilada por los *jihadistas* neoliberales del PRI y el PAN).
3. "Aceleración descontrolada de los procesos desestabilizadores de la pasada década."
4. "Multiplicación de torbellinos de violencia creciente."

[36] *La Jornada*: Bajo la Lupa, 16 de noviembre de 2008.

Europe 2020/GEAB se centra en los puntos dos y tres, después de haber ampliamente desarrollado el uno y cuatro en sus anteriores ediciones. No pierde su tiempo sobre los paliativos de la cumbre del G-20, ya que "es la estructura misma del edificio la que se encuentra en tela de juicio". Enfatiza que en este primer año de grandes correcciones bursátiles, el índice Dow Jones ha sufrido su más violento desplome desde 1900, "más fuerte aún que el de 1929".

Pone de relieve la legendaria mediocridad de la clase dirigente mundial y sostiene que habrá que esperar una "renovación de por lo menos 20% de los principales dirigentes del planeta para iniciar soluciones viables", ya que de otra manera será imposible afrontar los cambios fundamentales. No lo dice, pero la desregulación financiera global descerebró a la clase política mundial y a sus seudointelectuales (sobra ver la conducta de los políticos neoliberales mexicanos como botón de muestra, en el que descuella el trío *nihilista* Beltrones-Labastida-Gamboa que lleva 27 años de destrucción masiva).

Como buen europeo, el *Europe 2020/ GEAB* coloca en un primer plano el papel de la eurozona que, de un total de 7.4 millones de millones de dólares (trillones en anglosajón) del total de reservas mundiales, viene en el tercer lugar con 530 millones de dólares, antes de Rusia (475.4 millones) y detrás de China (casi 2 millones de millones) y Japón (casi un millón de millones de dólares).

Cita el inventario de la quiebra de *The Financial Times* que "ha establecido la lista de los activos materiales del gobierno federal de Estados Unidos (bases militares, parques nacionales, edificios públicos, museos, etcétera), valuados en 1.5 millones de millones que equivale a su déficit presupuestal del año entrante".

Un análisis de *People's Daily*[37] determina que "el mundo no se encuentra todavía listo para un nuevo sistema financiero internacional" debido a que "Estados Unidos defiende sus intereses" a todo precio. Cuando el coro mundial reclama el fin de la hegemonía del billete verde, el rotativo resalta la férrea defensa del dólar por Japón como la "única divisa viable de reserva". Desde hace mucho, Japón se convirtió en una franquicia de la anglósfera y le está creando graves problemas a la humanidad.

---

[37] *People's Daily*, 17 de noviembre de 2008.

Mientras tanto, *China Daily*[38] expone la postura poco publicitada del presidente Hu Jintao, quien urgió al establecimiento de un "nuevo orden financiero internacional más equitativo, justo, incluyente y ordenado" con la "gradual diversificación de varias divisas".

Según *China Daily*, los "analistas" consideran que "todavía puede tomar un largo tiempo para que se materialice la reforma del sistema financiero internacional, a pesar de ciertos ajustes en el corto plazo". Pareciera que China se ha resignado a que "Estados Unidos, la más grande economía del mundo, no pierda su prominencia en el corto plazo, cuando la presente estructura financiera internacional puede continuar todavía por algún tiempo", como asevera Zhang Jun, director de la Universidad de Fudan del Centro de China para Estudios Económicos.

Sería bueno que nuestros amigos chinos se actualicen, ya que la Unión Europea representa ahora la más grande potencia económica del mundo (16.9 millones de millones de dólares) por delante de Estados Unidos (13.8 millones de millones), según datos del Fondo Monetario Internacional.

En forma más correcta, Zhao Xijun, profesor de finanzas de la Universidad Renmin de China, adujo que la "estructura básica del régimen financiero internacional permanecerá sin cambios, pero que habrá algunas modificaciones en temas como mayor cooperación para regular mejor los mercados". Agregó que los *hedge funds* y los bancos de inversiones que "han jugado un papel dudoso al desencadenar la presente crisis, serán obligados a mayor transparencia".

Estados Unidos y Gran Bretaña no aceptarán ninguna modificación sustancial al moribundo sistema de Bretton Woods y antes preferirán una "catástrofe" y/o una tercera guerra mundial que tanto ha cacareado el régimen torturador bushiano. Sin dudas, el precio de las inevitables reformas será muy elevado.

---

[38] *China Daily*, 17 de noviembre de 2008.

9. Vaticinan extinción del dólar y balcanización de Estados Unidos

Nuestra añeja prospectiva sobre la irreversible decadencia de Estados Unidos se ha vuelto la moda en los centros serios de pensamiento del mundo —obviamente fuera del mismo afectado, cuyos seudopensadores apuestan fantasiosamente al desplome del mundo sin Estados Unidos.

Ahora es más sencillo auditar las miserias de la otrora superpotencia unipolar cuando sus finanzas y su economía se encuentran en caída libre debido al *tsunami* financiero que provocaron mediante su demencial casino bursátil.

Durante una conferencia en Lombard Street Research, Paul Volcker, el muy solvente ex gobernador de la Reserva Federal y antecesor del maligno y locuaz Alan Greenspan, sentenció la "quiebra" del sistema financiero global.[39]

Hay que ser verdaderamente hipermasoquistas para perder el tiempo en escuchar a quienes hemos calificado con el neologismo de *Choms* locales (las *chachalacas*, del hampa organizada de los multimedia sovietizados), quienes emulan a los músicos del Titanic en pleno hundimiento.

El mismo Obama ha admitido que el *tsunami* se encuentra en su preludio. Barack Obama tomó las riendas del poder con dos meses de antelación, ante la fuga despavorida de *Baby* Bush, con el fin de intentar paliar la delicada vulnerabilidad de Estados Unidos mediante la *clintonización financiera* (*clintonomics*).

La revista francesa *Marianne* aporta la cifra *antigravitatoria* de 1.4 cuatrillones de dólares (mil millones de millones en anglosajón) de "derivados financieros" a punto de explotar y que se encuentran en el centro del tsunami, mientras el serio Banco Internacional de Pagos (que desechó la hilarante candidatura del malhadado Guillermo Ortiz, quien no sabe cómo huir del Banco de México) los ubica en 675 trillones de dólares (millones de millones en anglosajón). Da igual si son trillones o cuatrillones: su explosividad es igualmente letal.

En esta coyuntura dramática, Igor Panarin, prominente analista político, profesor de la diplomacia rusa y especialista en *ciber-*

[39] *The Daily Telegraph*, 17 de noviembre de 2008.

guerra, vaticinó el colapso del dólar y la balcanización de Estados Unidos; en una entrevista al rotativo *Izvestia*:[40] "el dólar no tiene ningún respaldo. La deuda externa de Estados Unidos ha crecido en avalancha [...]. Es una pirámide a punto del colapso".

Igor Panarin había vaticinado hace diez años en una conferencia en Australia la debacle económica de Estados Unidos y ahora es más sanguinario sobre su colapso en curso:

> debido a la crisis financiera, tres de los más antiguos y grandes cinco bancos de Wall Street han cesado de existir, y dos se encuentran en agonía. Sus pérdidas son las mayores de la historia. Vamos a ver un cambio en el sistema regulatorio a escala financiera global. Estados Unidos no será más el regulador financiero del mundo [y será sustituido por] China, con sus amplias reservas [se ha de referir a sus pletóricas divisas] y Rusia, que puede jugar el papel de regulador en Eurasia [se ha de referir a su poderío nuclear].

Panarin no es un vulgar improvisado ni pertenece a la escuela de los *Choms* sino que es un lúcido pensador visionario.

Tampoco se debe soslayar la operatividad conceptual del Kremlin en la dramática coyuntura que vincula en forma dual la crisis del caduco orden mundial: el acoplamiento del reposicionamiento militar ruso en el Cáucaso y el *tsunami* financiero estadounidense.

A Estados Unidos, que se ha consagrado a balcanizar y globalizar al mundo, el prominente analista ruso le propina una sopa de su propio chocolate al vaticinar su balcanización en seis pedazos: "la costa del Pacífico, con su creciente población china; el Sur, con sus *hispánicos*; Texas, donde los movimientos independentistas han crecido; la costa del Atlántico, con una mentalidad distinta y separada; cinco de los más pobres estados centrales con sus poblaciones nativas estadounidenses, y los estados del Norte, donde la influencia de Canadá es poderosa".

Suena interesante el aislamiento del *Wasp* ("blanco protestante anglosajón", tesis formulada por Bajo la Lupa),[41] pero peca

---

[40] *Izvestia*, 24 de noviembre de 2008.
[41] *La Jornada*: Bajo la Lupa, 9 de noviembre de 2008.

de una abultada *hispanización* en detrimento de la más real *mexicanización*.

Igor Panarin pone en tela de juicio el "arrendamiento financiero" de Alaska (*leasing*), que puede ser reclamada por Rusia. ¡Ah, caray! ¿Qué hará la pistolera petrolera Palin ante el reclamo ruso de su antiguo territorio de Alaska? ¿Alcanzará a México la balcanización de Estados Unidos y, peor aún, su *texanización bushiana*?

Panarin coloca la lápida sobre el dólar, que será "sustituido" por el amero:[42]

> en 2006 un acuerdo secreto fue alcanzado entre Canadá, México y Estados Unidos sobre la divisa común del amero como nueva unidad monetaria. Esto podría señalar los preparativos para sustituir (*sic*) al dólar. Los billetes de 100 dólares que han inundado al mundo podrían ser simplemente congelados, bajo el pretexto, digamos, de que los terroristas (*sic*) los falsifican, por lo que tendrían que ser investigados.

Panarin se fue a la yugular de Estados Unidos y deja entrever la vinculación profunda entre las finanzas estadounidenses, los "terroristas" y el narcotráfico global.

Finalmente, sopesa el reposicionamiento de Rusia ante la prospectiva de la extinción del dólar y la balcanización de Estados Unidos: "desarrollar el rublo como divisa regional. Crear un sistema de intercambio de los hidrocarburos en rublos (los *petrorrublos*). Debemos romper los amarres que nos ligan al *Titanic* financiero que, desde mi punto de vista, se hundirá muy pronto".

A nuestro juicio, la regionalización de las divisas, en detrimento de la globalización unipolar del dólar, podría constituir el ancla para el "nuevo Bretton Woods", que deberá disponer de un sistema multipolar de divisas con sus respectivas esferas de influencia.

Tal geopolítica de las finanzas pareciera encaminarse en forma regional en donde emergerían las nuevas divisas del orden multipolar: el *euro* para el continente europeo (con una extensión nada descabellada a los restantes países del mar Mediterráneo); el *rublo* para la periferia inmediata de Rusia (con extensión hasta las entrañas del Cáucaso y Centro Asia); el *yuan* del "circuito étnico

---

[42] Coincidencias con Bajo la Lupa, 19 y 29 de octubre de 2008.

chino", extensivo a Hong Kong, Macao, Taiwán y Singapur, así como a la península coreana y al bloque de los diez países del Sudeste asiático (ASEAN, por sus siglas en inglés) y, tristemente, el *amero* para el funesto TLCAN. ¿Cuál será la divisa de la *anglósfera*?

Faltaría definir la divisa común de las *petromonarquías* árabes (en vías de formación), la zona de influencia de la *rupia* de India, la futura divisa regional de Sudamérica y la de los países islámicos, donde Irán jugaría un papel preponderante. ¿Se aferrará el decadente "México neoliberal" del PRIAN al *amero* o se unirá creativamente a la futura divisa sudamericana?

10. HACIA EL NUEVO ORDEN FINANCIERO GLOBAL: ¿BIPOLARIDAD DEL DÓLAR Y EL YUAN?

El nuevo orden mundial será necesariamente triple: geopolítico, geoeconómico y geofinanciero. El rotativo sudcoreano *Korea Herald* ha iniciado una serie sobre el "Nuevo orden financiero global", en la que destaca "el ascenso del renminbi" como divisa global[43] por Lee Chang-kyu.

Resalta que, cada vez más, los geoestrategas estadounidenses intentan aliarse con los países asiáticos de la cuenca del Pacífico, en la línea de Henry Kissinger,[44] lo que se infiere de la primera gira de Hillary Clinton, la secretaria de Estado de Obama, a Japón, Corea del Sur, China e Indonesia.

Estados Unidos ha perdido la paciencia con los grandes países de la eurozona (Alemania y Francia), quienes cada día se acercan más a Rusia, cuando el posicionamiento de Washington en el Gran Medio Oriente (debido concurrentemente al belicismo de Israel) se ha deteriorado en forma dramática.

Bismarck vuelve a tener razón: "la geografía es destino"; lo que en la etapa presente significaría la europeización de Rusia, la rusificación de Europa y la desestadounización del Gran Medio Oriente que se acerca más a la Unión Europea, a Rusia, a China y a India (pese a los esfuerzos contrarios del eje Estados Unidos-Israel). Es evidente que la israelización de Estados Unidos le

---

[43] *Korea Herald*, 10 de febrero de 2009.
[44] Véase *La Jornada*: Bajo la Lupa 18 de enero de 2009.

ha causado un enorme daño en el corazón euroasiático: el Gran Medio Oriente.

Este contexto es relevante para ubicar el artículo de Lee Chang-kyu, becario del Instituto Internacional Coreano de Política Económica, quien cuenta con un doctorado de la Universidad de Pittsburgh y se ha consagrado al estudio de la economía y las finanzas de China.

Aunque discrepemos sustancialmente, su artículo es digno de análisis debido a su formación estadounidense y a su pertenencia a un país en el que Estados Unidos cuenta con una base militar (aunque en fechas recientes se ha alejado de su unilateralismo, en particular, respecto del contencioso nuclear de Corea del Norte). Pese a que la economía y su divisa "won" han recibido una paliza como consecuencia del *tsunami* financiero global provocado por el país norteamericano, su PIB (1.78% del PIB mundial) no es nada despreciable, si se toma en consideración su exigüidad territorial (del tamaño de Chiapas) y su población (la mitad de México); de hecho ha desplazado a nuestro país del décimotercer sitio mundial.[45]

En síntesis, Lee Chan-kyu demuestra impecablemente la fortaleza del yuan chino (vernáculamente conocido como "renminbi") en las regiones del sudeste asiático y de Asia Central, que ha llegado a desplazar al dólar estadounidense en sus intercambios comerciales. Aunque admite el ascenso espectacular del yuan, todavía no le ve posibilidades en el corto ni el mediano plazo para sustituir al dólar estadounidense como la divisa de reserva mundial y parece insinuar, sin pronunciarlo expresamente, la bipolaridad (el dominio financiero de ambas divisas) del yuan y el dólar en la parte asiática de la cuenca del Pacífico, extensivo al sudeste asiático y a Asia central.

Elimina la relevancia de Japón con todo y su yen:

> en la actualidad, debido a los bajos precios del petróleo, los países exportadores de hidrocarburos no tienen la capacidad de financiar las deudas fiscales de Estados Unidos. Japón debe ser excluida, debido a los problemas de su economía (lleva casi una generación en deflación). Entonces China es la única que parece cargar con la responsabilidad.

[45] Datos del Banco Mundial de 2007

¿Qué advendrá cuando vuelva a rebotar el precio del petróleo?

En el peor de los casos, Lee Chang-kyu apuesta a la unipolaridad del dólar, y en el mejor de los casos, a una alianza entre el dólar estadounidense y el yuan chino: "para ser realistas (*sic*) ninguna (¡súper *sic*!) divisa más que el dólar puede ser el candidato como la principal divisa internacional en las actuales circunstancias". Ya veremos.

Recordemos que en la reciente cumbre del G-20 en Washington, en el ocaso del régimen torturador bushiano, fue Japón (seguramente también el "México calderonista", cuya opinión, si es que la tuviese, no es muy tomada en cuenta en estos menesteres) el único país que apuntaló la unipolaridad del dólar, como filtraron nuestros amigos chinos, cuando Rusia y la eurozona reclamaron la multipolaridad de las divisas.

Según el dolarcentrista Lee Chang-kyu, a Shanghai le tomará "varias décadas" convertirse en "un verdadero centro financiero internacional" y cita al estadounidense Barry Eichengreen que dice que al yuan le tomará entre "cuatro o cinco décadas" convertirse en la "nueva divisa de reserva". Ya veremos.

Asegura que "China no seguirá una reorganización más radical del presente sistema internacional de divisas". ¿Qué tan seguro está? ¿No será más bien que China espera que pase el cadáver del dólar frente al pórtico de su pagoda?

Y afirma en forma aventurera que

> cualquier medida rápida y drástica para convertir al renminbi en una divisa internacional podría llevar a un desastre (¡súper *sic*!) irrecuperable. Un cambio a una economía global basada en el yuan podría ser peligroso si se considera la inmensa exposición de China a sus activos en dólares.

Aquí se precipita el articulista norcoreano, ya que China no optará por un cambio "rápido y drástico", contrario a su milenaria costumbre gradualista, pero tampoco aceptará la hegemonía del dólar que tanto ha criticado.

China se ha puesto la cuerda al cuello con tantas reservas de divisas en dólares (las mayores del mundo), además de sus cuantiosas inversiones en los volátiles Bonos del Tesoro de Estados Unidos y en sus hipotecarias paraestatales quebradas (Fannie Mae y Freddie Mac), pero tampoco se va a disparar a la ingle arrojando sus dólares, por lo que, a nuestro juicio, ha optado por una reconversión paulatina de sus reservas a otras divisas menos riesgosas (que tampoco hay tantas).

El problema del análisis de Lee Chang-kyu es que permuta la unipolaridad del dólar por la todavía inviable unipolaridad del yuan y soslaya que el mundo tiende a la multipolaridad y regionalización de las divisas.

Mañana nos podemos encontrar con alianzas entre las divisas que no desean depender tanto del dólar que sirvió para implementar el poderío global de Estados Unidos.

Se ha detectado una cierta convergencia de intereses entre el yuan y el yen, y no es nada descabellado, en el mero ámbito geofinanciero, sustentar la probabilidad de una alianza tripartita entre el dólar estadounidense, el yuan chino y el yen nipón (a la que se puede agregar la nueva divisa creada por la anglósfera a inspiración británica).

Dado este reacomodamiento de las alianzas geofinancieras con las divisas, no sería insensato prever una alianza entre el euro y el rublo ruso, a la que más tarde se pudieran sumar los países petroleros del Golfo Pérsico.

11. SOBREVIVE EL VIEJO ORDEN FINANCIERO DEL DÓLAR

En mis conferencias en el Seminario Internacional del Partido del Trabajo en México, el 21 de marzo de 2009, y en la Lebanese American University en Beirut, el 3 de abril del mismo año e invitado por el doctor Imad Salamah, sustentamos la híbrida *tridimensionalidad* del "nuevo orden multipolar" (con componentes bipolares y unipolares): 1) en geoestrategia, existe un empate nuclear entre Estados Unidos y Rusia a partir de la respuesta de Moscú a la agresión de Georgia a Osetia del Sur (en un tercer lugar muy distante viene China, gracias a su ascenso satelital); aquí, al menos que ocurra la tercera guerra mundial que tanto desea la banca anglosajona, el mundo será relativamente estable, si es que no se precipita la dislocación interna de uno de los actores; 2) en geoeconomía, las tendencias son muy claras: descenso del G-7 y ascenso tanto del

BRIC (Brasil, Rusia, India y China) como de las potencias petroleras del Golfo Pérsico, entre las que destaca Irán (aquí se puede agregar la resurrección de Turquía, que Barack Obama intenta fortalecer para sustituir al alicaído Israel en la región medio oriental y contrarrestar el redespliegue ruso en el Mar Negro), y 3) en geofinanzas (término acuñado por Bajo la Lupa, que ya empieza a usar sin derecho de autor la prensa anglosajona), donde la hegemonía del dólar se resiste a ceder su innegable poder: éste es el punto más inestable y peligroso del híbrido orden tridimensional.

El "nuevo orden multipolar" asentó sus reales en el ámbito geoestratégico en agosto de 2008, cuando Rusia repelió en Osetia del Sur la agresión de Georgia (azuzada por Estados Unidos e Israel), mientras en el ámbito geoeconómico se puede plantear la hipótesis de que ocurrió primordialmente a partir de la primavera de 2004, cuando la dupla anglosajona exhibió a la luz del día su impotencia en controlar los hidrocarburos de Irak, lo que, de cierta manera, dio lugar a la *serendipia* (hallazgo fortuito) del posicionamiento irresistible del BRIC.

Queda así muy suelto el ámbito geofinanciero donde, guste o disguste, prevalece la hegemonía, para no decir unipolaridad, del dólar estadunidense pese al *tsunami* financiero global que provocó la otrora superpotencia unipolar.

La prevalencia del *dolarcentrismo*, que la cumbre del G-20 en Londres avaló subrepticiamente, suena a la gran tragedia del siglo XXI: una divisa sin sustento económico, pero muy funcional y que no dispone de sustitutos en el corto plazo. Las bombas nucleares de Estados Unidos protegen ahora al dólar.

Nadie en el seno del BRIC posee una divisa susceptible de remplazar el dólar en el corto plazo: el rublo ruso y el real brasileño, dos divisas "convertibles", distan mucho de ser competitivos frente a la moneda estadounidense, mientras el yuan chino y la rupia india aún no son "convertibles" y no presentan ningún peligro para Estados Unidos, que se da el lujo de poseer la divisa que constituye la reserva mundial y de imprimir billetes en forma irresponsable e hiperinflacionaria.

De esta manera, permanece impávido el viejo orden mundial geofinanciero de hace 65 años. Como sostuvimos,[46] el "nuevo or-

[46] Véase *La Jornada*: Bajo la Lupa 25 de marzo de 2009.

den geofinanciero global" deberá ser multipolar y reflejar la nueva correlación de fuerzas en los ámbitos geoestratégico y geoeconómico. Pero es más fácil enunciarlo que ponerlo en práctica.

Una de las exquisitas vulnerabilidades del BRIC se centra en su subdesarrollo financiero frente al predominio anglosajón, cuyas plazas (Wall Street y *la City*) ostentan los dos primeros lugares del índice de desarrollo financiero del Foro Económico Mundial de Davos, donde relucen el G-7 y sus paraísos fiscales en los primeros sitios.

Quien gana las guerras mundiales impone el orden financiero que más conviene a sus intereses —el caso trasatlántico desde el siglo XVII de Holanda, Gran Bretaña y Estados Unidos—, como demuestran Giovanni Arrighi y Beverly J. Silver en *Caos y orden en el sistema-mundo moderno*,[47] libro que no nos cansamos de recomendar para entender la dinámica del vigente viejo orden financiero anglosajón hoy *dolarcéntrico*.

Adam Posen, anterior economista en la Reserva Federal y director adjunto del influyente Peterson Institute for International Economics, asienta sin desparpajo que "el papel del dólar es un asunto geoestratégico (¡súper sic!) y monetario".[48] Desecha la propuesta china, con apoyo ruso, de crear "una divisa de reserva global" que sustituya al dólar:

> el gobierno de Estados Unidos tiene todas las razones en creer que el dólar debe permanecer como la divisa de referencia del comercio internacional. Es un asunto tanto geoestratégico (¡súper *sic*!) como monetario. Ofrece en la economía mundial la mayor seguridad (*sic*) a Estados Unidos.

Luego fustiga que ni Joseph Stiglitz (premio Nobel de Economía y partidario de una reformulación del sistema monetario internacional) "ni nadie (*sic*)" haya presentado "una alternativa clara al sistema actual" y concluye que "ni los estadounidenses ni los europeos (*sic*) están dispuestos a abandonar ninguna parte del control (¡súper *sic*!) que tienen sobre las instituciones financieras internacionales".

---

[47] Ediciones Akal, 2001.
[48] *Le Monde*, 30 de marzo de 2009.

Queda claro que el último baluarte de la unipolaridad geofinanciera de Estados Unidos lo constituye el dólar, y nadie en el seno del BRIC parece estar dispuesto a una tercera guerra mundial para imponer su cosmogonía monetaria. Pareciera más bien que el BRIC espera la entropía del dólar debido a la decadencia militar y económica de la otrora superpotencia unipolar, por lo que se ha confinado a proponer ajustes insulsos al viejo orden monetario internacional sin crear uno nuevo.

Desde el punto de vista geoestratégico, más que una multipolaridad propiamente dicha, el mundo parece haber retornado a una bipolaridad nuclear entre Estados Unidos y Rusia, con nuevos actores (como China e India) todavía muy alejados del primer plano.

Con mayor propiedad, la verdadera "multipolaridad" se desarrolla en el ámbito geoeconómico: los países emergentes con 32% del PIB global (entre los cuales el BRIC dispone de 13% mundial), la Unión Europea (con 31) y Estados Unidos (con 25%). Este renglón geoeconómico representa la matriz operativa del nuevo orden mundial, que sigue siendo añejo en el ámbito geofinanciero, donde el dólar prevalece por encima de las demás divisas con más de 66.5% de las reservas y los intercambios comerciales, frente a 24.4% del euro —que el eje anglosajón busca balcanizar y *vulcanizar*, según la severa acusación del centro de pensamiento europeo LEAP/Europe 20/20—[49], la libra esterlina 3.7%, el yen japonés 3.6% y el resto de las divisas 1.7%. En realidad, la libra esterlina y el yen nipón son apéndices del *dolarcentrismo*.

El mundo navega ya en la híbrida *tridimensionalidad* con un *dolarcentrismo* unipolar que lo puede llevar al naufragio.

12. "Post G-20": lucha a muerte entre el dólar y el oro

Es nuestra hipótesis que al menos que ocurra una indeseable conflagración militar mundial, el planeta está viviendo una verdadera guerra financiera global que no se atreve a pronunciar su nombre y que se expresa exquisitamente en el combate sin cuartel que libran el dólar estadounidense y la cotización del oro.

---

[49] *GEAB* núm. 33, 15 de marzo de 2009.

En nuestro abordaje *tridimensional* del capítulo anterior hemos planteado la hipótesis que el destino del mundo se juega primordialmente en el ámbito de las geofinanzas, cuando en la geoestrategia existe prácticamente un empate *bipolar* nuclear entre Estados Unifos y Rusia (con China muy alejada), mientras las tendencias de la geoeconomía (con su trascendental subdivisión geoenergética donde descuellan los países productores de petróleo del Golfo Pérsico) reflejan la *multipolaridad* del G-7 (en decadencia) y el ascenso irresistible del BRIC (Brasil, Rusia, India y China).

En geofinanzas prevalece la *unipolaridad* del dólar estadounidense que domina (cuando se contabiliza la integridad de sus esferas de influencia regionales, como Latinoamérica y sus divisas aliadas, como la libra esterlina y el yen nipón) con más de 70% de las reservas de divisas y los intercambios comerciales del mundo.

La única divisa relativamente competitiva del dólar estadounidense ha sido el euro, que exhibe un posicionamiento de alrededor de 23% de las reservas de divisas e intercambios mercantiles. En estos momentos el euro atraviesa por su mayor prueba de fuego cuando Europa del Este se encuentra al borde de la balcanización financiera que puede poner en aprietos a la divisa común de la eurozona.

El resto de las divisas internacionales es prácticamente inexistente (el caso del patético "súper peso" de Banxico, ahora sí que carente de "peso" específico por suicidio propio al haberse convertido deliberadamente en un apéndice del dólar estadounidense y su esfera de influencia nuclear del NORAD/Comando Norte).

El BRIC —un concepto operativo más que una organización propiamente dicha— muestra un peligroso subdesarrollo financiero donde el rublo ruso y el real brasileño, pese a ser "convertibles", han expuesto su vulnerabilidad cambiaria global, mientras que la rupia de India y el yuan/renminbi de China todavía no gozan del bautizo internacional de la "convertibilidad".

La gran tragedia del inicio del siglo XXI (que revive la bipolaridad nuclear ruso-estadounidense y ostenta la multipolaridad geoeconómica —con su relevante subdivisión geoenergética) la constituye la unipolaridad hegemónica del dólar estadounidense en las geofinanzas: sin sustento económico, pero que hasta ahora no tiene un verdadero competidor a la vista ni es sustituible en el corto plazo.

En diversas conferencias internacionales que hemos sustentado recientemente desde México hasta Líbano, ha sido nuestra postura que el dólar puede ser sustituido por dos caminos:1) la cooperación, donde Estados Unidos venderá muy caro su amor *dolarcéntrico* a las nuevas potencias emergentes con el fin de crear un nuevo orden financiero global (quizá, mediante una canasta de divisas y una hibridación de metales preciosos de reserva, como el oro y la plata, que reflejen el nuevo orden geoestratégico, geoeconómico y geoenergético), y 2) una tercera guerra mundial, como ha sucedido en el mundo "occidental" a los dos lados del Atlántico desde el siglo XVII, donde quien gana los conflictos bélicos impone el sistema financiero que optimiza sus intereses.

Mientras rezamos, sin caer en la ingenuidad pueril, para que el nuevo orden financiero global nazca de la cooperación multipolar, podemos aducir que el verdadero barómetro de la salud financiera planetaria —que empieza a vivir "11/9 biológicos y climáticos" ya muy cantados— se concentra en la cotización inversamente proporcional del dólar unipolar y el oro multipolar (y, por extensión, la plata) donde uno de los dos por necesidad teleológica saldrá ganando para imponer su nueva cosmogonía financiera global.

En este contexto de lucha a muerte entre el dólar unipolar y el oro multipolar, llamó poderosamente la atención la prácticamente duplicación sigilosa de China, en el lapso de seis años, de sus reservas en oro que pasaron de 600 a 1,054 toneladas; para situarse en el sexto lugar mundial detrás de Estados Unidos (8,133.5 toneladas), Alemania (3,412.6), el FMI (3,217.3), Francia (2,508.8) e Italia (2,451.8).

Banxico da lástima y se ubica en el lugar 78 mundial con solamente 3.4 toneladas ridículas de reservas (y eso que México es el segundo productor mundial de plata detrás de Perú).

Si bien es cierto que Estados Unidos posee la mayor reserva de oro como país individual (siempre y cuando no las hayan dilapidado en su orgía consumista), la eurozona lo supera con 11,065 toneladas (hasta diciembre del 2007). Por alguna razón Estados Unidos y la eurozona poseen masivas reservas de oro mientras que para Banxico no existen los metales preciosos de reserva monetaria como la plata.

Cabe señalar que 32,150.75 onzas troy equivalen a una tonelada de oro.

También es importante destacar que Estados Unidos posee 76.5% en oro del total de sus reservas: el mayor porcentaje del mundo frente a solamente 1% de China que tiene un largo camino por recorrer en la adquisición aurífera.

Los estrategas de UBS comentan que el banco central chino ha dado la señal global para que sus recientes adquisiciones en oro sean imitadas por otros países (con la excepción seguramente del esclavizado Banxico).

Lo interesante de las reservas de oro del FMI es que están cotizadas anómalamente en $42 dólares la onza troy, lo que en un ajuste de mercado al precio actual puede multiplicar en alrededor de 23 veces el valor sus tenencias; lo mismo se puede decir del oro de Estados Unidos, siempre y cuando no lo hayan dilapidado, no mienta su contabilidad y se encuentre realmente en las legendarias bóvedas de Fort Knox.

Desde la década de los noventa del siglo pasado ha sido la tónica de Gran Bretaña, bajo la dupla Blair-Brown, bajar deliberadamente el precio del oro mediante ventas excesivas del Banco de Londres. El resto de los bancos centrales de Europa continental ha atemperado la temeridad británica y ha disminuido el ritmo de venta de las reservas auríferas a un límite de 500 toneladas por año y en una década han quintuplicado su valor (andaba en $250 dólares estadounidenses la onza).

El precio ya perforó la barrera psicológica de $1,000 dólares la onza y ha oscilado volátilmente (para no decir manipuladamente) en fechas recientes entre $800 y $1,000 dólares, en espera de su despegue irresistible que, debido al *tsunami* financiero global, ya no puede ser detenido.

Antes de la cumbre disfuncional del G-20 en Londres, las autoridades financieras chinas habían expresado públicamente su deseo de adoptar una nueva reserva de divisa global (una idea rusa) para sustituir al dólar unipolar, lo que ha sido más fácil de enunciar que de implementar.

Por el contrario, el G-20, dominado por el eje anglosajón, insistió en profundizar el caduco orden financiero global añejo de

65 años (desde su génesis en Bretton Woods) y en resucitar al cadáver del FMI con masivas inyecciones de liquidez de dinero virtual que Dios sepa de dónde saldrán, ni si en realidad los actores y autores están dispuestos a desembolsar (como ahora es notorio se ocultan y se niegan sin rubor a cumplir sus compromisos).

Pero la verdadera noticia es que China ha acelerado su diversificación de reservas, que inició desde el 2005, y ahora públicamente anuncia la duplicación de su tenencia en oro en un lapso de seis años.

Otros compradores activos de oro han sido Rusia, India y los países productores de petróleo del Golfo Pérsico. En Latinoamérica, Venezuela descuella por ostentar el mejor ranking en reservas de oro (décimo quinto lugar) que constituyen 23.4% de sus reservas totales.

En la lucha mortal entre el dólar unipolar y el oro multipolar, China, que posee las mayores reservas de divisas del planeta (sin contar la totalidad del "circuito étnico chino" constituido por Hong Kong, Macao, Taiwan y Singapur, que cuenta con 70% de chinos) ha decidido abandonar paulatinamente al primero en beneficio del segundo, lo que marca la pauta de por dónde soplarán los futuros vientos de las geofinanzas.

Independientemente de sus adquisiciones, China desplazó a Sudáfrica del primer lugar de producción de oro a escala planetaria.

13. Brasil y China desechan al dólar

El obrero metalúrgico que ascendió a la presidencia de Brasil, Luiz Inácio Lula da Silva, ha demostrado con creces entender óptimamente que el incipiente nuevo orden multipolar se juega en el ámbito de las geofinanzas, donde el dólar estadounidense ha ejercido su verdadero poder como la única moneda de reserva planetaria.

Todavía falta debatir cómo Estados Unidos, un país prácticamente insolvente en su economía y finanzas, además de empantanado militarmente en Irak y Afganistán (sin contar las derrotas militares de su aliado Israel contra las guerrillas rupestres de Hezbolá en Líbano y Hamas en Gaza), puede todavía hacer prevalecer la unipolaridad del dólar como moneda de reserva planetaria. Esta situación será debatida como la gran paradoja del inicio del siglo XXI que en cierta medida, para decirlo en términos beisbolísticos: atrapó fuera de base a las muy vulnerables divisas del BRIC (Brasil, Rusia, India y China).

Al unísono de otros autores, ya hemos expuesto extensamente las razones por las cuales, en el nuevo orden geofinanciero, no tienen cabida la libra esterlina, el yen nipón y el franco suizo; divisas pertenecientes a economías alicaídas y a potencias en franco declive geopolítico, mientras el euro (que, dicho sea de paso, el eje bancario israelí anglosajón desea balcanizar y *vulcanizar*) navega en las aguas turbulentas de una profunda crisis bancaria y ninguno del BRIC posee una divisa susceptible de remplazar el dólar en el corto plazo.

Es evidente que esta situación aberrantemente anómala tenderá a cambiar dramáticamente ante el advenimiento del nuevo orden geofinaciero en curso, muy bien se puede proyectar que en forma gradual y paulatina, el yuan/renminbi de China, en el seno del cuarteto del BRIC, despegará y se posicionará como el rival principal del dólar estadounidense, en espera del devenir incierto del euro.

Así, si la eurozona consiguiese superar su dramática crisis financiera y económica, sería un grave error de juicio eliminar perentoriamente al euro como una de las tres principales divisas del planeta, al unísono del yuan/renminbi chino y el dólar estadounidense (cuyo verdadero poder es más geopolítico nuclear que geoeconómico y/o geofinanciero).

Es en este contexto de "la guerra de las divisas", una metáfora que gusta mucho a los geoestrategas chinos que no se cuecen al primer hervor (a diferencia de los novatos y fracasados neoliberales mexicanos), que deslumbra la osadía del presidente brasileño, cariñosamente apodado Lula, con antelación a su relevante visita a China, al haber declarado a la revista de negocios china *Caijing* que "no necesitamos dólares" como pago al cada vez más importante intercambio de negocios entre Brasil y China, dos destacados miembros del BRIC. Con mentalidad multipolar Lula fustigó que "es una locura (*sic*) que el dólar constituya la referencia, y que se le otorgue a un sólo país el poder de imprimir la divisa [de reserva mundial]".

Más allá de la relevancia estratégica de la complementariedad geoeconómica de Brasil y China, no es poca cosa que dos destacados miembros del BRIC, se hayan rebelado a la hegemonía del dólar estadounidense (el adjetivo nacional pesa, ya que existen otros "dólares" en la anglósfera como el canadiense, el australiano, el neozelandés, etcétera).

China y Brasil se ubican en los primeros diez sitiales del ranking mundial y ambos suman 10% del PIB global que en su totalidad asciende a $60.6 millones de millones de dólares estadounidenses o trillones en anglosajón. Así las cosas, el acuerdo entre China y Brasil para desechar al dólar estadounidense de sus intercambios comerciales, en los que utilizarían a sus propias divisas, constituye un golpe demoledor a la hegemonía geofinanciera de Estados Unidos.

No hace mucho Brasil y Argentina, las dos principales economías de Sudamérica, desecharon al dólar como moneda de pago en sus transacciones comerciales. Habría que matizar porqué Venezuela se encuentra a punto de superar espectacularmente a Argentina como la segunda economía más importante de Sudamérica, en contrapunto de Chile —con todo y la desinformación vulgar de la revista neoliberal fundamentalista *Letras Libres* de Enrique Krauze Kleinbort— que se encuentra en la medianía muy detrás de Venezuela que ostenta prácticamente el doble del PIB del régimen pinochetista-neoliberal chileno con disfraz "socialista".

Durante su visita a China entre el 18 y 20 de mayo pasado, Lula fue acompañado por 240 empresarios y firmó 13 acuerdos de "cooperación estratégica", donde destaca la compra de petróleo brasileño que tanto necesita China a cambio de cuantiosas inversiones de Pekín (que posee las mayores reservas de divisas del mundo), cuando la liquidez monetaria es emperatriz en medio del *tsunami* financiero global provocado irresponsablemente por Estados Unidos.

Lo cierto es que las relaciones emtre Brasil y China apenas llevan 35 años y ambos han determinado concertar una complementariedad geoeconómica de alcances estratégicos que transformará el comercio mundial entre Sudamérica y el noreste asiático.

A propósito el LEAP/Europe2020,[50] asienta que

---

[50] En su reciente *GEAB* num. 35.

en abril de 2009, China se convirtió en el principal socio comercial de Brasil, un evento que siempre anuncia cambios mayores en el liderazgo global. Es tan sólo la segunda vez que esto sucede desde que Gran Bretaña puso fin a tres siglos de hegemonía portuguesa hace 200 años. Luego Estados Unidos sustituyó a Gran Bretaña como el principal socio comercial de Brasil a inicios de la década de 1930.

Lo que faltó resaltar a nuestros amigos europeos es que, detrás de la secuencia histórica de las sacudidas telúricas comerciales cuyo epicentro fue Brasil, se encontraban las divisas de las grandes potencias coloniales de Portugal y Gran Bretaña que fueron desplazadas por el dólar estadounidense, que también empieza a ser eyectado en forma vigorosa de Sudamérica, su otrora patio trasero, esta vez por China.

III. TURBULENCIAS EN LA GLOBALIZACIÓN

1. ¿Qué es la globalización?[1]

Todo el mundo habla de la "globalización". Pocos, pero muy pocos, detectan su significado real y, más que nada, las consecuencias para sus países, pueblos y empresas. Hay que reconocer de entrada que la palabra, desde el punto de vista mercadológico, es seductora. Se confunde frecuentemente con una imaginaria solidaridad internacional en la que todos los seres humanos compartirían sus deslumbrantes e hipnóticos avances tecnológicos (es todo lo contrario) y, por otra parte, quienes desconocen sus efectos deletéreos, la han cacareado como la nueva civilización universal, lo que tampoco es cierto.

En México, la palabra "globalización" ha causado mayores estragos semánticos que los profusos desvaríos vertidos sobre la "tercera vía", a la que dieron por enterrada tanto Tony Blair, su promotor global, como en su momento Gerhard Schroeder. La "tercera vía" del laborismo *blairiano* británico constituyó un vulgar travestismo económico-financiero del "ofertismo fiscal" (*supply-side economics*), del *thacherismo-reaganomics* (siendo el *pinochetismo* su versión latinoamericana), y del radical monetarismo centralbanquista del G-7, que pretendió confundir a los ingenuos y desinformados mediante la superchería política de situarse a mitad del camino entre el marxismo y el capitalismo neoliberal.

Lo mismo sucede con la "globalización", que mentes lúcidas locales confunden con la "globalidad", y otros pavos reales del pensamiento aldeano tildan de "globalización democrática", lo que es una antinomia excluyente, porque si algo caracteriza a la globalización es justamente la ultraconcentración de la riqueza mundial en manos de una plutocracia de trasnacionales corporativas: 10%, frente al restante 90% de los habitantes del planeta que no comparten su maná.

[1] Véase mi libro *Los 11 frentes antes y después del 11 de septiembre: una guerra multidimensional*, Ed. Cadmo & Europa, 2003.

Si algo es antidemocrático es precisamente la globalización. Aquí se vislumbra lo que no es, ni podrá ser, por su estructura intrínseca: un movimiento democrático de alcances universales. La globalización, en sus diversas modalidades y variantes, es la expresión más acendrada del poder plutocrático concentrado en el poder monetario de las trasnacionales que predominan en el seno del G-7, extensivo al G-10/11.

Dicho con mayor sencillez: no existe rubro de la actividad de la "economía-mundo" en el que las trasnacionales adscritas al G-7 no acaparen por lo menos 85% de las primeras 500 firmas corporativas globales.[2]

Surge un primer axioma: no es lo mismo ser globalizador que estar globalizado. Los *globalizadores* son el G-7 o el G-10/11, mientras los *globalizados* son los "países emergentes"[3] que han padecido los estragos de crisis financieras "globalizadas" (efectos Tequila, Dragón, Samba, Vodka, Tango, etc.). Es decir, la malignidad tangible ha sido peor que el beneficio teórico para los países emergentes, sin contar las naciomes ubicadas fuera de cualquier clasificación, en el contexto de los 180 países que concurren a los juegos olímpicos, o de los 192 pertenecientes a la ONU, cuya mayoría es huérfana de todos los modelos económicos aplicables, incluida la globalización.

La palabra fue acuñada en la década de los ochenta en las universidades de administración de empresas de Estados Unidos, subyugadas por la genial metáfora de la "aldea global" del comunicólogo canadiense Marshall McLuhan.[4] Hasta aquí es obvio que la "aldea global" refuerza las interdependencias y la multiplicación de redes, y que ha sido más contundente por cuatro innovaciones: 1) la informática o cibernética, 2) la aeroespacial, 3) la nuclear y 4) la bio-tecno-industrial. A la lista faltaría agregar la tríada de la nueva tecnología del siglo XXI: la genética, nanotecnología y robótica (llamado GNR por sus siglas) que tenderá a

---

[2] Véase la revista *Fortune*.

[3] No existe una clasificación consensuada y van desde 27 hasta 32 países, entre ellos México, dependiendo de la revista o periódico de finanzas que los invoque.

[4] Véase Eric McLuhan y Frank Zingrone, *McLuhan. Escritos esenciales*, "La galaxia Gutenberg", Paidós, Barcelona, 1998.

concentrar más el poder unipolar que podría acaparar irremisiblemente la globalización.

Un economista inglés llegó a bautizarla en forma sensacionalista como "el fin de la geografía", que se funda en una aceleración tecnológica extraordinaria que ha multiplicado exponencialmente los efectos de la apertura económica. Es evidente que el modelo operativo dentro del capitalismo es el neoliberal librecambista con su pléyade de privatizaciones y desregulaciones que reconoce un solo criterio, que vendría a ser su esencia metafísica: el "costo-eficiencia". Este simple aspecto en una sociedad civilizada acarrea serios problemas sociales y humanos, que ponen en tela de juicio su modelo operativo. Mediante el "costo-eficiencia" las trasnacionales tienden a maximizar sus ganancias, y naturalmente no se detienen a contemplar los estragos que causan a su alrededor (despidos masivos, desempleo, depredación ambiental, ingobernabilidad, etc.), dejando a los "Estados-nación" totalmente impotentes. Una trasnacional como Microsoft ha llegado a tener un valor de "capitalización de mercado" superior al PIB de México y a todo el continente africano.

Es más que conocido que existe una relación inversamente proporcional entre el valor de la cotización en Bolsa de una acción de las trasnacionales y el número de empleados: a mayor despido de trabajadores, mayor valor en las cotizaciones de la empresa. No hay que hacerse muchas ilusiones, los grandes perdedores del modelo vigente de la globalización son los trabajadores; pero mucho más los "Estados-nación" que se encuentran fracturados entre su poder ejecutivo (presionado cupularmente por las trasnacionales omnipotentes) y el poder legislativo (presionado por la base de ciudadanos y desempleados), los cuales han exhibido su discapacidad disfuncional al gran día. Por ahí, de vez en cuando, sólo el poder judicial de los países altamente democratizados balbucea algunos juicios sonoros contra las poderosas trasnacionales.

El problema grave es que los tres poderes del "Estado-nación" se encuentran totalmente desarticulados para enfrentar los retos sociales, humanos y ambientales y, sobre todo, existe un superlativo "perdedor invisible": el medio ambiente. Su depredación no es contabilizada por el modelo *globalizador* que la cataloga como "externalidad", es decir, que no tiene incidencia ni incumbencia en el desempeño económico y por ende, tampoco es contabilizado.

Aquí radica la gran falla del modelo: ¿puede ser "externalidad" la depredación de la biosfera que atenta contra todos los seres vivientes de la creación? O dicho en términos más terrestres: los economistas deberán actualizar sus modelos reduccionistas y compenetrarse más en los daños que la actividad globalizadora ejerce sobre el medio ambiente, que deberá ser contabilizada como una *"internalidad"* propia del sistema.

Ninguno de los elementos de la globalización hasta aquí expuestos es inédito. El genial historiador francés, Fernand Braudel, demostró que los "mercados" existen con o sin "libre mercado", válga la tautología. El comercio entre naciones es tan viejo como el mundo y los veloces transportes intercontinentales existen desde hace varios decenios. Las empresas trasnacionales prosperan desde hace medio siglo y los movimientos de capitales no son un invento de los últimos años.

Entonces, ¿en qué radica su novedad? Podríamos aseverar que consiste en dos rubros sustanciales, uno de índole geoestratégico y otro financiero: el primero, muy simple de exponer y el segundo, bastante difícil de explicar.

Desde el punto de vista geoestratégico, la globalización asentó sus reales a partir de la caída del muro de Berlín como consecuencia del fracaso del comunismo y la disolución posterior de la URSS, mientras el modelo chino se transformaba. Fue muy sencilla la implantación de la globalización a partir de tres eventos de 1991: desmembramiento de la URSS; Operación Tormenta del Desierto contra Irak para controlar 85% del petróleo "global", e inicio de la "balcanización", válga la redundancia histórica, de Yugoslavia.

Ahora viene la parte compleja, que es única en esta nueva globalización de matriz financiera y que rebasa los alcances de la globalización mercantil del siglo XIX. El PIB mundial para el año 2000 se calculaba en alrededor de 40 billones de dólares, mientras el papel especulativo en circulación alcanzaba el orden de quinientos billones. Es decir, existe muchísimo papel-chatarra financiero en el mercado sin sustento en la economía real, y que ha permitido la captura de las joyas estratégicas de los "países emergentes" durante sus crisis y también ha propiciado todo género de financiamientos exóticos ("capitales de riesgo"): *megafusiones*

(*Mergers and Acquisitions*) —telecomunicaciones, petroleras, bancos, etc.—; impulso de nuevas empresas de la "economía-internet" por medio de los IPO (*Initial Public Offering*: "Ofertas Iniciales Públicas"), e "instrumentos derivados" (*hedge funds*).

Es notorio el poder tecnológico que le confiere la globalización al G-7 y al G-10/11, multiplicado en forma exponencial por su control financiero global, primordialmente concentrado en las plazas de Nueva York y Londres. Esto demuestra que la globalización es el juego financiero de la plutocracia trasnacional, única dueña de los resortes del poder y control mundiales, hasta que en el seno de sus propios países comenzó la cruzada contra la OMC en Seattle y contra el FMI y el BM en Washington, y no se diga en otros sitios como Davos o Praga, que han puesto el modelo tanto a la defensiva como en la picota, lo que merece un tratamiento especial y específico, pero que podríamos resumir con una frase: a pesar de las apariencias de omnipotencia, el modelo de la globalización se encuentra fatigado, por lo que deberá reformarse a la luz de los nuevos eventos mundiales coyunturales que han colocado al planeta ante una nueva disyuntiva, dejando atrás la lucha ideológica anacrónica de izquierda y derecha: "globalizadores" (las trasnacionales, primordialmente la banca anglosajona) contra "globalizados" (sociedad civil).

El nuevo choque del siglo XXI será (está siendo) entre las trasnacionales plutocráticas que desean llevar hasta sus últimas consecuencias el modelo pernicioso de la globalización y la sociedad civil, que se ha rebelado contra el modelo antihumano, depredador y necrófilo que ha marginado a 90% de los habitantes del planeta y ha exacerbado la brecha, de por sí dispar y polarizada, entre pudientes y desposeídos.

2. Rotundo fracaso neoliberal en Latinoamérica

Nunca como ahora Latinoamérica había dado un viraje genuinamente "estructural" para abandonar el decálogo del caduco "Consenso de Washington", que literalmente la despedazó, y adoptar una notoria política antineoliberal, con sus propias manifestaciones en cada país, desde Kirchner en Argentina, pasando por Lula en Brasil y hasta llegar a Chávez en Venezuela.

Los boquetes financieros en Latinoamérica subsumen el epifenómeno de un cuarto de siglo de derrumbe económico. En una prodigiosa visión retrospectiva de casi medio siglo, Mark Weisbrot, codirector del prestigioso y solvente Centro para la Investigación Económica y Política (CEPR) de Washington, afirma que el "giro de Latinoamérica a la izquierda se debe a la economía".

Weisbrot desmenuza la elección de Evo Morales en términos puramente económicos, lo que se refleja en toda la región: "Bolivia es el país más pobre de Sudamérica, su PIB *per capita* es de 2,800 dólares, en comparación con 8,200 de Latinoamérica y 42,000 de Estados Unidos".

Bolivia se encuentra peor después de casi un cuarto de siglo de neoliberalismo: "Fue sometida a los acuerdos del FMI en forma continua desde 1986 y ha hecho lo que los expertos de Washington quisieron, incluyendo la privatización de casi todo lo que pudo ser vendido". Más vale no preguntar cuál fue el resultado cataclísmico de la privatización del agua y la seguridad social en un país pauperizado, que dejaría a su población sin acceder al líquido vital con tal de aplicar "reformas estructurales". El ingreso *per capita* de los bolivianos es menor ahora que hace 25 años, cuando 63% de ellos viven debajo de la línea de la pobreza. Por supuesto que hubo éxito, pero para las transnacionales estadounidenses.

De 1980 a 2000, Latinoamérica creció sólo 9%, si a eso se le llama crecer. Y eso sin tener en cuenta el devastador "índice Gini" en donde México (54.6 puntos) y hasta el "milagro publicitario" de Chile (en peor situación distributiva que México, con 57.1 puntos), al igual que el promedio de Latinoamérica, se ubican a niveles bajísimos en la distribución familiar.

Weisbrot advierte que muchos de los cambios políticos desde 1980 han sido propiciados por Washington y han contribuido al desastre. El paisaje económico de Latinoamérica está mancillado con las ruinas de errores políticos apoyados, y algunas veces aplicados, bajo la presión política y económica de Estados Unidos y las instituciones que éste controla: FMI, BM y BID.

Es interesante el caso de Argentina, que gracias a su política antineoliberal lleva un crecimiento acumuilado de 40% en los años recientes. ¡Un verdadero milagro en el actual cuarto de siglo en Latinoamérica! El salto se alcanzó sin la ayuda exterior y pese a la extracción neta de dinero del FMI.

Venezuela es otro milagro de crecimiento económico antineoliberal después del fracaso golpista de la dupla Aznar-Bush para derrocar al presidente democráticamente elegido y gracias al alza descomunal del petróleo: un acelerado crecimiento económico, que pone en ridículo el mediocre crecimiento del México en manos de los conservadores, pese a los cuantiosos ingresos petroleros.

El notable despegue de Venezuela dejó atrás el montaje del "milagro publicitario" chileno en los recientes dos años. En forma persuasiva, Weisbrot nos ilustra que es común atribuir el impresionante despegue venezolano al alza del petróleo: "pero los precios del petróleo se incrementaron más rápido y alcanzaron precios aun más altos en la década de los setenta, cuando el ingreso *per capita* cayó 35%".

A nuestro juicio, la diferencia de Venezuela radica en que no es lo mismo el alza del petróleo en el modelo neoliberal, donde para no variar salieron beneficiadas las trasnacionales anglosajonas, que en el modelo desarrollista interno. El verdadero legado de Chávez será que revirtió el notablemente largo declive económico de Venezuela.

Ahora baste comparar con el verdadero crecimiento antes de la imposición neoliberal de Estados Unidos, en el período de 1960 a 1980, en el lapso anterior de veinte años, cuando Latinoamérica creció 82%. ¡Casi diez veces más!

3. Nuevo orden petrolero mundial:
trasnacionales vs. Estados

En el contexto de la debilidad del dólar y la desglobalización que arrecia su ritmo en Europa y el Cono Sur, el geoestratega Joseph Stroupe, autor del libro *El Rubicón de Rusia: inminente jaque mate a Occidente*, aborda el "nuevo orden petrolero mundial".[5] Stroupe, director del portal *geostrategymap.com*, es acusado por sus detractores de ser excesivamente rusófilo, vicio que a veces enturbia innecesariamente sus excelentes investigaciones geopolíticas en materia energética.

[5] *Asia Times*, 23 y 24 de noviembre de 2006.

En vísperas de la desastrosa invasión a Irak podía detectarse una dicotomía entre la posesión catastral del petróleo, dominado por la mayoría de los Estados productores, y el gas, controlado por las trasnacionales anglosajonas (donde sobresalen Shell, Exxon-Mobil, BP y Chevron-Texaco, seguidas por la francesa Total, las niponas Inpex y Matsui, y la italiana Eni), gracias a la tecnología de punta para la licuefacción, cuyo conocimiento ostentan los países consumidores del G-7.

El espacio gasero mundial es eminentemente ruso y desde el punto de vista *cuantitativo* se encuentra predominantemente bajo control estatal, desde Rusia hasta Irán, respectivamente primera y segunda reserva mundial de gas.

Gazprom merece toda una enciclopedia, pero baste señalar que, más allá de sus azorantes reservas (Rusia detenta el primer lugar con alrededor de 40% global, seguido por Irán con 16%), esta empresa ostenta la mayor red de gasoductos del mundo con 150 mil kilómetros de extensión. En forma peligrosa Gazprom se ha vuelto sinónimo de Rusia ("La nación Gazprom", Pepe Escobar, *Asia Times*),[6] lo que eleva la puja de la subasta geopolítica por la posesión del gas global, donde no hay que perder de vista las tendencias en Bolivia (desprivatizado exitosamente), Argentina (privatizado por Repsol, pero que en un descuido con Kirchner pudiera ser renacionalizado) y México (privatizado clandestinamente por la puerta trasera fiscal).

Por su lado, el mundo petrolero es más sencillo de abordar en lo que se refiere a su posesión catastral, en manos estatales de prácticamente todos los estados productores; así, en los cuatro primeros lugares brillan intensamente Aramco, de Arabia Saudita, Inoc, de Irán, Pemex (la única empresa mexicana que aparece en la clasificación de la revista *Fortune* entre las principales 500 empresas globales) y PDVSA (Venezuela), seguidas por las trasnacionales anglosajonas.

Queda claro que el mundo petrolero es eminentemente estatal y pareciera que las trasnacionales anglosajonas (sumadas a Repsol) se encuentran a la ofensiva en el mundo gasero, pero a la defensiva en el mundo petrolero, tendencia que se profundizó con la

---

[6] *Asia Times*, 26 de mayo de 2006.

llegada de Rafael Correa a la presidencia de Ecuador y su retorno a la OPEP.

Stroupe sustenta que "Rusia ha impuesto la agenda para una transición global a un nuevo modelo de seguridad energética internacional diseñada para paliar las preocupaciones intensas, especialmente de la emergente Asia", mediante la "promoción de una vasta red de alianzas a escala mundial con lazos que se caracterizan por rígidos contratos privados bilaterales de largo plazo" que han puesto en jaque el control financiero de Estados Unidos y Gran Bretaña del mercado *spot* y del especulativo "papel-petróleo".

El nuevo modelo de suministro ruso le da la vuelta al establecido mercado liberal petrolero global apoyado por Estados Unidos, denominado en dólares. El problema es que Occidente depende del orden vigente para su seguridad energética, al punto de no poder funcionar sin él.

En los pasados años, el papel distintivo de Rusia para la transición del orden global se ha distinguido en tres esferas: la energía, la economía y la geopolítica. A los seis meses de haber tomado el mando, el *zar* ruso Putin inició la recaptura estatal de los energéticos rusos secuestrados por la oligarquía privatizadora que se había vuelto cómplice de las trasnacionales petroleras y las instituciones financieras de Occidente, con su séquito de multimedia y las ONG.

El éxito ruso de la "soberanía democrática" (el crecimiento de un Estado corporativo rico y poderoso basado en los recursos) instigó una ola global de nacionalizaciones y la consolidación del control estatal sobre los recursos energéticos, con la pérdida consiguiente de la influencia y el control de las trasnacionales petroleras de Occidente. David Goldwyn, investigador del Centro de Estudios Estratégicos Internacionales (CSIS, por sus siglas en inglés) con sede en Washington, considera que "Estados Unidos se encuentra ahora más inseguro en materia energética que hace 30 años": el mercado petrolero global se ha vuelto "más frágil" y la "dependencia creciente de energéticos de China e India erosionan rápidamente el poder global de Estados Unidos y su influencia en el mundo".

China e India sienten haber sido boicoteadas por la Agencia Internacional de Energía, por lo que han replicado con participación accionaria en importantes yacimientos del mundo. China ha rodeado las exigencias del mercado capitalista controlado por Estados Unidos y Gran Bretaña mediante inversiones cruzadas en varios niveles, utilizando la diplomacia estatal y han logrado concretar asociaciones estratégicas de energía con nueve países: Rusia, Irán, Venezuela, Brasil, Australia, Sudán, Indonesia, Kazajistán y Angola.

Las poderosas trasnacionales solamente controlan 10% de las reservas totales del mundo y Estados Unidos depende del "mercado" en 60% de sus necesidades energéticas. ¿Cuál será el revire de las trasnacionales anglosajonas? ¿Cuántas guerras más?

4. El cáncer bancario monetarista y su metástasis global

The Wall Street Journal, el 23 de junio de 2008 se percató de la insolvencia de la banca anglosajona, en particular del cadavérico Citigroup, casi un año después que Bajo la Lupa: "Fobaproa/IPAB bushiano: el rescate financiero de Citigroup y Bank of America", del 29 de agosto de 2007 y "La quiebra de la *Banca negra*: Citigroup, UBS, Santander y BBV" del 3 de octubre de 2007.

La crisis multidimensional global es una genuina y primigenia crisis financiera monetarista creada por los bancos centrales del G-7 —en particular por el mago malhadado y malvado Alan Greenspan desde la Reserva Federal, donde fungió como brujo aprendiz durante dos décadas— que, luego del estallido de varias burbujas especulativas (desde las telecomunicaciones hasta los bienes raíces), inventaron ahora la burbuja de los hidrocarburos que ha provocado en secuencia y consecuencia la doble crisis energética y alimentaria (el suicidio colectivo de los biocombustibles), que han orillado al planeta a una grave crisis de *disgobernabilidad* y de caos geopolítico en medio del acuciante cambio climático.

La privatización de las ganancias y la socialización de las pérdidas marcó el fin del parasitario modelo neoliberal global que feneció oficialmente el 14 de marzo de 2008, con el rescate que hizo la Reserva Federal del banco de inversiones quebrado Bearn Stearns, el quinto de Estados Unidos.[7]

[7] "Fecha de la muerte del capitalismo global" *La Jornada*: Bajo la Lupa, 30 de marzo de 2008.

Tardamos más en advertir sobre la "Alerta financiera global: ¡segundo semestre de miedo!"[8] de lo que duró en expandirse la metástasis global del cáncer monetarista fomentado por el exceso de liquidez de los bancos centrales del G-7, que alentaron la demencial especulación de la banca privada israelí-anglosajona, hoy con severos problemas de insolvencia.

La situación es muy grave. Y no es debido a que por fin lo haya asimilado con bastante retraso Lawrence Summers, anterior secretario del Tesoro clintoniano,[9] ni a que se hayan confrontado en público las autoridades hacendarias neoliberales de "México", más desbrujuladas que nunca y en plena deriva, sino porque el legendario Banco Internacional de Pagos (BIP), con sede en Basilea, Suiza, conocido como el "banco central de los bancos centrales", acaba de emitir una apremiante alerta sobre la inminente explosión de la burbuja crediticia, según reporta Ambrose Evans-Pritchard: "El Banco de los Bancos Centrales renueva el temor de una segunda depresión"[10]. El editor de *Daily Telegraph* añora la "ortodoxia" que simboliza el BIP frente a las "locuras de los bancos centrales modernos (*sic*)".

La advertencia del venerable *BIP* no es nueva: había sido emitida en 2007 y en 2008 la refrenda. Después fustiga sin piedad a la Reserva Federal y sentencia que para los bancos centrales no tendrán fácil la tarea de "limpiar" el estallido de las burbujas de los bienes raíces.

Bill White, saliente jefe de economistas del BIP, emitió su canto de cisne en el *Reporte anual* número 68, que desmiente la "extinción" de la crisis global:

> las presentes turbulencias de los mercados no tienen precedente en el periodo de posguerra. Con un riesgo significativo de recesión en Estados Unidos, complicado por una abrupta inflación creciente en varios países, se construyen temores de que la economía global se encuentra al borde del precipicio. [Peor aún:] no es imposible que el despliegue de la burbuja crediticia, después de un periodo temporal de mayor inflación, culmine en una *deflación* que pueda ser difícil de manejar debido a los altos niveles de deuda.

---

[8] *La Jornada*: Bajo la Lupa, 22 de junio de 2008.
[9] *The Financial Times*, 30 de junio de 2008.
[10] *The Daily Telegraph*, 1 de julio de 2008.

La advertencia del BIP es muy clara para las "exageraciones" de la Reserva Federal, Banco de Inglaterra y el Banco Central Europeo (BCE). Ninguno de los pocos banqueros y economistas serios que quedan en el planeta toma en cuenta al Banco de México, que ha resultado una vulgar excrecencia de la Reserva Federal.

Un año más tarde, la situación de los créditos hipotecarios y de consumo ha empeorado pese a todos los engaños infantiles de los *multimedia* del G-7. Nadie cree las "estadísticas" del sistema financiero anglosajón, el más mendaz en la historia de la humanidad. El BIP muestra cautela ante el "sub reporte del BCE sobre la contracción de la oferta de crédito".

No es ocioso describir la "pirámide invertida de la liquidez global", según el BIP: derivados financieros (802% del PIB mundial y 75% de la liquidez global), deuda *securitizada* (142% del PIB y 13% de la liquidez), dinero amplio (122% del PIB y 11% de la liquidez) y dinero de poder (10% PIB y uno por ciento de la liquidez). ¿Quién va a ser el guapo gobernador de uno de los bancos centrales del G-7 que limpie la escatológica (en el doble sentido de la palabra) acumulación inmunda de papel-chatarra de los *derivados* financieros?

Bill White coloca en la picota a los bancos globales con empréstitos por 37 millones de millones de dólares (trillones en anglosajón) en 2007, que representan 70% del PIB mundial: "el dinero del mercado interbancario no se ha recuperado. De mayor preocupación es que una mayor restricción de las condiciones crediticias será impuesta a las entidades no financieras que piden prestado".

Pone en tela de juicio el "rescate por la vía fiscal", ya que las "deudas explícitas e implícitas de los gobiernos se encuentran tan elevadas que han levantado dudas sobre si todos sus compromisos fuera de contrato puedan ser totalmente honrados".

Diagnostica que la crisis *subprime* fue detonadora, pero no la causa del desastre, lo que no culpa a los tratantes de deuda. Arremete contra las hilarantes reguladoras y calificadoras: "¿Cómo puede un inmensamente oscuro sistema bancario emerger sin provocar claras declaraciones de preocupación oficial?" Finalmente, Ambrose Evans-Pritchard comenta que "siempre han existido excesos durante los auges. Pero lo que ha hecho que éste haya degenerado es que los gobiernos colocaron el precio del dinero tan bajo que atrajo a los bancos a su autodestrucción".

Lo real es que la crisis multidimensional global ha provocado una *estagnaflación*, de por sí la peor receta de dos peores mundos, mientras se avizora en el horizonte una *deflación* financiera. Pero lo peor de todo radica en la *inimputabilidad* de los gobernadores de los bancos centrales de G-7 y en la castración y descerebración de su clase política, totalmente sometida a las sicóticas leyes del inexistente "mercado".

5. Se desploman los bancos neoliberales

No sirvió de nada la cumbre apática del G-8 en Japón, que marcó las enésimas exequias oficiales del imperio de Estados Unidos y donde brilló la estrella del nuevo orden multipolar: el BRIC (Brasil, Rusia, India y China).

El despliegue de la crisis multidimensional y su *disgobernabilidad* (neologismo acuñado por Bajo la Lupa) global —crisis financiera, energética y alimentaria, en el contexto del cambio climático— exhibió la exigüidad del G-7 (sin Rusia), más que del G-8 (con Rusia), que cosecha la tempestad económica de los vientos financieros especulativos que sembró.

El mundo hipercomplejo se volvió más sencillo de entender desde los puntos de vista geoenergético, geoeconómico, geofinanciero y geopolítico, que ilustran el desfondamiento del modelo financiero anglosajón, ahogado con deudas impagables, mientras se asienta el ascenso irresistible de las nuevas potencias emergentes (el BRIC), poseedoras de materias primas estratégicas (los hidrocarburos) y de sus "fondos soberanos de riqueza" por más de tres billones de dólares, además de atesorar la mayor parte de las reservas de divisas mundiales.

Al ex régimen torturador bushiano, perdedor en todos los frentes estratégicos, solamente le quedaba su poderío nuclear y su prodigioso posicionamiento tecnológico (nanotecnología, robótica, la NASA, el genoma, etc.) lo que lleva al axioma del siglo XXI: Estados Unidos cesó de dominar unipolarmente al mundo, pero éste todavía no puede prescindir de él, en espera de la consolidación del nuevo orden multipolar.

Ya hemos mencionado que se denota la quiebra del sistema financiero anglosajón y de su eje vertebral: su parasitaria banca especulativa. Pero la verdadera noticia no es que el sistema bancario del G-7 (y sus excrecencias, como la hiperinflada banca española) se encuentre en el "día del juicio final", sino que haya eludido —mejor dicho, ocultado— la opacidad de sus cuentas invisibles en sus paraísos fiscales gracias a la demencial "desregulación" (sin supervisión gubernamental ni ciudadana) por otros diez años desde el inicio de su genuina agonía en 1998, cuando quebró la correduría especulativa LTCM.

Así que no hay que asombrarse de la exquisita fiabilidad de la banca israelí-anglosajona, que vivió diez años extra. El desmantelamiento del Citigroup-Banamex es asunto juzgado:[11] ya se desprendió de su importante rama alemana, comprada por el banco francés Crédit Mutuel en siete mil millones de dólares, lo que le redituó una ganancia de cuatro mil millones de dólares después de impuestos (que, por cierto, no pagó Banamex aquí).

No causa ningún placer contemplar la muy anunciada insolvencia de Fannie Mae y Freddie Mac, las dos magnas paraestatales propietarias y/o garantes de más de la mitad de todas la hipotecas de Estados Unidos[12].

Al cierre del viernes 11 es probable que el valor bursátil de ambos gigantes valga menos de diez mil millones de dólares (es decir, nada), frente a sus activos por cinco billones de dólares, de los cuales solamente 30% es transparente en sus hojas contables y el resto es "invisible" en los paraísos fiscales.

El grave problema radica en que se resquebraja el sistema inmobiliario de Estados Unidos en medio del colapso de su sistema financiero. El golpe de (des)gracia a Freddie y a Fannie se lo asestó Bill Poole, el serio ex gobernador de la Reserva Federal de St. Louis, quien expresó que el adeudo de Freddie por cinco mil millones de dólares (una fruslería) era mayor que sus activos, lo que lo hacía "insolvente bajo los valores justos de las reglas contables".[13]

Freddie y Fannie representan casi las tres cuartas partes de las nuevas hipotecas de Estados Unidos, su rescate constituirá una mayor carga para los contribuyentes, quienes pagan la socializa-

---

[11] Véase *La Jornada*: Bajo la Lupa, 9 de julio de 2008.
[12] *The New York Times*, 11 de julio de 2008.
[13] *The Financial Times*, 11 de julio de 2008.

ción de las pérdidas de su parasitaria banca sin haber obtenido beneficio alguno de su privatización.

Muchos bancos centrales del G-7, Asia y Medio-Oriente (ya no se diga de sus excrecencias tropicales) atesoran bonos de Freddie y Fannie. ¿Cuántos tendrá insensatamente el Banco de México en la etapa aciaga del hiperfundamentalista monetarista Guillermo Ortiz Martínez?

Todas las explicaciones anestésicas de Henry *Hank* Paulson, secretario del Tesoro, y Ben Shalom Bernanke, malhadado gobernador de la Reserva Federal, ante el Comité de Servicios Financieros de la Cámara de Representantes, en lugar de apaciguar los "mercados", provocaron la estampida bursátil que causó la quiebra real de los gemelos hipotecarios paraestatales Freddie y Fannie.

Los bancos Lehman Brothers y Morgan Stanley también se encuentran en severos problemas de sequía crediticia y acaban de ser degradados al nivel de "deterioro" por Gimme Credit, un fondo de investigación de bonos, mientras Dave Chandler's en Earthside.com (11 de enero de 2008) afirma que el poderoso Merrill Lynch es insolvente.

No entraremos a esculcar el estado cadavérico de los bancos regionales de Estados Unidos: Marshall & Isley Corp., Zions Bancorp, Sun Trust, Bradford & Bingley, Washington Federal, IndyMac, etcétera.

Nadie se salva, adentro o afuera de Estados Unidos, y las ondas de choque han reverberado furiosamente en sus excrecencias periféricas, como España que, según Ambrose Evans-Pritchard, "suspendió la subasta de bonos soberanos debido al temor de los inversionistas sobre el desplome inmobiliario y el deslizamiento acelerado de su crisis económica".[14]

España, el país a quien Felipe Calderón desea regalar una parte sustancial de Pemex por medio de la PRI-*vatización* y/o PAN-*vatización*, se encuentra en "recesión virtual": la venta de automóviles cayó 31% en junio, la producción industrial decayó 5.5% el año pasado y el sector inmobiliario en vías de colapso ha despedido a casi 100 mil empleados en un mes.

Standard & Poor's emitió una alerta sobre el sector bancario español debido al incremento galopante de sus deudas inco-

[14] *The Daily Telegraph*, 11 de julio de 2008.

brables. Las pérdidas bancarias en sus incursiones inmobiliarias pueden complicar la membresía de España en la zona euro y Ambrose Evans-Pritchard teme que el Banco de España sea incapaz de rescatar a la atribulada banca privada.

La patología incurable de la banca del G-7 se epitomiza en su sequía crediticia y su rescate solamente podría provenir de dos fuentes: de sus contribuyentes ahogados de deuda (en vísperas de relevantes elecciones en Estados Unidos) y/o de los "fondos soberanos de riqueza" tanto del BRIC como de las petromonarquías árabes. *¡Finita la musica neo-liberale!*

6. ¿RENACIONALIZACIÓN TOTAL DE PETROBRAS?

La insolvencia del sector privado neoliberal en los países del G-7 y la OTAN (ya no se diga en sus excrecencias periféricas como España) ha desembocado en colosales nacionalizaciones bancarias en Gran Bretaña, Alemania y Estados Unidos, al unísono del retorno del nacionalismo político.

Son los tiempos de la desglobalización, que subsume nacionalizaciones y el retorno del nacionalismo pero, sobre todo, de la desprivatización, la renacionalización y la restatización de los hidrocarburos que reflejan el incipiente orden multipolar y su nuevo orden geoenergético mundial; en donde las empresas de los Estados nacionales concentran ya el 95% de las reservas de hidrocarburos, frente a un exiguo 5% de las trasnacionales privadas, primordialmente anglosajonas, en vías de desmoronamiento.

Por tal motivo no hay que asombrarse del giro realista del gobierno de Lula y del liderazgo empresarial nacionalista de Brasil, quienes reclaman a coro la renacionalización total de Petrobras, a raíz de los pletóricos descubrimientos en el océano Atlántico, que no desean compartir ni regalar a sus socios foráneos actuales, como se desprende de las declaraciones de José Sérgio Gabrielli de Azevedo, director de Petrobras; Edison Lobão, ministro de Minas y Energía, y Ricardo Amaral, un prominente empresario.

José Sérgio Gabrielli de Azevedo instó al aumento de impuestos y pidió otro marco legal para las trasnacionales privadas de hidrocarburos que operan en Brasil:

la legislación actual fue resultado de una regulación hecha para atraer a compañías que fueran capaces de asumir los riesgos exploratorios. Petrobras asumió esos riesgos. Pero hay regiones en las que el riesgo exploratorio es mínimo.[15]

Brasil no desea compartir, y menos regalar, la inmensa riqueza de sus recientes descubrimientos, que pueden convertir a Petrobras en la quinta empresa energética mundial. ¡Al revés de Calderón y sus aliados priístas!

Petrobras es una empresa controlada por el Estado brasileño (55% de sus acciones con derecho a voto), mientras el restante pertenece al sector privado (en su mayoría foráneo), que ha descolgado suculentas ganancias, como la pirata española Repsol, que carece de tecnología de punta y cuyo país de origen no posee hidrocarburos.

Gracias a su tecnología en aguas ultraprofundas, Petrobras ha descubierto los nuevos yacimientos, que pueden alcanzar la mirífica cifra de 33 mil millones de barriles de petróleo que, a un precio de 100 dólares el barril, equivaldrían a más de tres billones de dólares, que no desean compartir con las parasitarias trasnacionales privadas.

Gabrielli de Azevedo sostiene que el aumento de impuestos va dirigido a las "concesiones en nuevas áreas", lo que confiere al gobierno una "capacidad de intervención" en sus prioridades y en la "velocidad de las inversiones". Petrobras no desea depender de la voluntad unilateral y discrecional de las trasnacionales privadas, cuando su objetivo es duplicar su producción presente, de 2.3 millones de barriles al día. Lo que sucede es que las trasnacionales privadas ganan en sus activos bursátiles con la simple posesión de reservas sin necesidad de explotar (a expensas de los planes del país anfitrión).

Nadie lo dice pero la privatización parcial de Petrobras del entreguista ex presidente Fernando Henrique Cardoso, quien resultó un fundamentalista neoliberal y un vulgar peón de las trasnacionales, se escenificó durante el auge de la globalización financiera mediante el chantaje de la banca israelí-anglosajona, asociada a las grandes trasnacionales petroleras de Estados Unidos

[15] *El País*, 6 de julio de 2008.

y Gran Bretaña, que presionaron en los "mercados" la cotización de la deuda soberana brasileña. Esta historia macabra, en la que participó el megaespeculador George Soros, mediante su control del banco central de Brasil, aún no se escribe en plenitud.

Empero, no es lo mismo 1997, fecha de la forzada privatización parcial de Petrobras, que 11 años después, cuando el modelo neoliberal global se ha desfondado.

Más acorde con los tiempos "modernos", que significan etimológicamente las "tendencias presentes", Edison Lobão, ministro de Minas y Energía, consideró en julio de 2008 que "lo ideal es que Petrobras administre todas (*sic*) sus reservas" en las aguas ultraprofundas: "en la actualidad 60% de las acciones se negocian en una bolsa de valores, y 80% de ese total está en manos de los estadounidenses. No podemos entregar toda esta riqueza a un puñado de inversionistas".[16]

Después de proponer cambios al marco jurídico y hasta la creación de una nueva empresa estatal para administrar los resultados de las licitaciones, Edison Lobão afirmó que los últimos bloques licitados por la Agencia Nacional del Petróleo, Gas y Biocombustibles (ANP) "serán retomados (¡súper *sic*!) por el Estado a causa del retraso en el cronograma de explotación", ya que las trasnacionales privadas foráneas ExxonMobil y Shell "no han sido capaces de explotar los bloques en el periodo especificado en el contrato de concesión", debido a la falta de equipo en el mercado mundial por escasez de plataformas, perforadoras y navíos-sondas.

La ANP admite que Brasil no debe precipitarse a la subasta de bloques en las aguas ultraprofundas.

Al contrario del entreguista neoliberal Cardoso, el gobierno de Lula ajusta la nueva correlación de fuerzas del flamante orden geoenergético mundial, dominado por los Estados nacionales, para beneficiar a Brasil, que parece haber iniciado la desprivatización y renacionalización de Petrobras, a grado tal que se plantea crear una empresa adicional de hidrocarburos propiedad 100% del Estado.

El prominente empresario y financiero Ricardo Amaral sacudió a Brasil con su proclama persuasiva, en un extenso estudio

[16] *O Estado de São Paulo*, 15 de julio de 2008.

proyectivo, para renacionalizar Petrobras: "es imperativo que el gobierno brasileño siga la principal tendencia global y comience a renacionalizar lo más pronto posible a Petrobras", dijo en julio de 2008.[17]

La razón principal que aduce se basa en el prodigioso flujo de caja con el que contarán en los próximos 20 años los países petroleros del Golfo Pérsico, que descolgarían, a un precio módico de 80 dólares el barril, un mínimo de 40 billones de dólares, ¡73.3% del presente PIB mundial!

Calderón y sus aliados priístas pretenden regalar una parte de esta fortuna en hidrocarburos a las parasitarias trasnacionales gallegas y texanas, cuyos países de origen se encuentran totalmente desfondados financiera y económicamente. Como lo explayamos en nuestro libro *La desnacionalización de Pemex* (Orfila, 2009).

7. EL DECLIVE DE ESTADOS UNIDOS Y EL FRACASO
DE SU GLOBALIZACIÓN, SEGÚN *DER SPIEGEL*[18]

Como señal muy representativa del nuevo orden mundial en plena mutación, *Der Spiegel On Line*, perteneciente a la célebre revista alemana, emite el canto de cisne de la decadencia de Estados Unidos: "Declive de la superpotencia: la clase media de Estados Unidos, perdedora de la globalización". Allí, Gabor Steingart sintetiza su libro *Guerra por la riqueza: la captura global del poder y la prosperidad*, que logró el mejor lugar de ventas en el país teutón.

Las grandes potencias de la parte "occidental" del planeta, como Alemania y Francia, ajustan sus nuevas ecuaciones geopolíticas a consecuencia de la derrota estratégica de Estados Unidos en Irak (además de Afganistán, Líbano y Norcorea) y del epitafio definitivo de la globalización, que ya no puede seguir siendo sostenida por el paraguas militar del sobrextendido ejército estadounidense.

En la más depurada tradición estratégica gaullista, el presidente Jacques Chirac reajustó su política medio oriental con un

[17] rgemonitor.com (10 de julio de 2008).
[18] *Der Spiegel On Line*, 24 de octubre de 2006.

acercamiento doblemente espectacular a Irán y el Hezbollah libanés, a consecuencia de la derrota israelí en el país de los cedros milenarios (que Francia conoce mejor que nadie), y emprendió un asombroso golpe de timón estratégico con su enésimo periplo a China, lo que amerita un análisis puntual sobre el renacimiento triunfal de la diplomacia francesa que le ha salvado la cara a "Occidente". De esta manera, Francia demuestra que la lucidez geoestratégica, mezclada con inteligencia diplomática, suele conseguir más que el militarismo bruto.

El epitafio de Steingart es fulminante:

> Al inicio del siglo xx, Estados Unidos es aún una superpotencia. Pero es ahora una superpotencia que enfrenta competencia más allá de sus fronteras, así como dificultades internas. Sus clases media y baja fueron los perdedores de la globalización. [El periodista alemán aborda las] tres características exclusivas, cuyo desarrollo simultáneo ha servido para el fundamento del éxito de Estados Unidos hasta ahora, en una combinación que le ha conferido sus mayores fortalezas, pero también sus mayores debilidades.

Primero: su elevada concentración de optimismo y osadía. Ningún país lucha con mayor ahínco por lo nuevo y su "curiosidad inagotable forma parte de su código genético". Las comparaciones son apabullantes: Estados Unidos coloca con facilidad 44 millones de nuevos trabajadores desde 1980, mientras Alemania sufrió para integrar a 12 millones de trabajadores después de la reunificación de 1990.

Segundo: Estados Unidos es radicalmente global. Desde sus orígenes congrega a los "ciudadanos rebeldes de cada país del mundo". Cabe recordar que el ex canciller alemán Helmut Schmidt había caracterizado a sus "padres fundadores" como una "elite vital".

Tercero: Estados Unidos es el único país del planeta que puede comerciar en su propia divisa y que dispone del "privilegio exorbitante" (en palabras del general De Gaulle) de dominar la economía global con su dólar.

Ahora, la antítesis: primero, el optimismo de Estados Unidos se confunde con su ingenuidad cuando "su deuda pública, privada y empresarial, ha rebasado todas la dimensiones hasta ahora conocidas". Sus "clases media y baja" viven sin reservas financieras y se parecen más a las familias del tercer mundo golpeadas por la pobreza. Segundo, la globalización "cobra su venganza", produciendo la "erosión de su industria local", literalmente desmantelada para irse a instalar afuera, lo cual ha beneficiado mercantilmente a sus competidores. Tercero, el dólar es muy vulnerable y puede ser llevado a "su colapso por fuerzas externas", lo que ya se volvió una perogrullada.

Steingart alega que el "ascenso de Asia llevó al declive relativo de la economía nacional estadounidense". Los efectos de retroalimentación (*feed-back*) implicados en la globalización han sido intensos en "amplios segmentos de la fuerza laboral que tiene la espalda contra la pared": los grandes perdedores en la guerra mundial por la riqueza, que ha anulado la "búsqueda de la felicidad como derecho fundamental".

Asimismo, el editor en jefe del periódico teutón *Handelsblatt* excava las espeluznantes estadísticas sobre la disparidad profunda en Estados Unidos entre pobres y ricos ("segmento donde residen los promotores y planificadores de la globalización"). Ese país rompió con su etapa dorada y ha cesado de producir prosperidad para todos. Tampoco ilumina más al mundo como el mayor exportador y acreedor del mundo, puesto que ocupó durante cuatro décadas, cuando fue en forma indiscutible "el centro del mundo" sin recurrir siquiera a su poderío militar. En su cumbre económica llegó a disponer afuera de 13% de su "producto *nacional* bruto".

A su juicio, ni el consumismo ni la factura petrolera sobredimensionada (relativamente de "poco significado": 160 mil millones de dólares el año pasado) son tan culpables como lo es su notable *desindustrialización*, cuyo hueco ha sido colmado por sus competidores de Asia, Europa y Latinoamérica.

Finalmente, Gabor Steingart concluye de modo taxativo:

> este Estados Unidos superior (*sic*) no existe más. Como centro de poder es todavía más poderoso que otros, pero desde hace unos años esa energía fluye en dirección opuesta [...] El mayor exportador del mundo se volvió el mayor importador. El más grande acreedor se volvió el deudor más importante. Hoy los extranjeros disponen de activos en Estados Unidos por 21% de su PIB, con valor neto de 2.5

millones de millones de dólares. Además, 9% de sus acciones y 24% de sus bonos gubernamentales están en manos foráneas.

8. ¡ESTADOS UNIDOS SIN CONTABILIDAD!

El emperador estadounidense se quedó desnudo y ya no puede ocultar su inmundicia contable, de tintes escatológicos, de sus "cuentas invisibles! (*off-balance sheet*) en sus paraísos fiscales (*off-shore*), producto de la desregulación financiera.

Este es justamente el principal problema de la grave crisis crediticia: Estados Unidos no puede exhibir la patética realidad de la contabilidad de su sistema financiero a riesgo de su suicidio. ¡Ni la *clepto-kakistocracia* (el hurtador gobierno de los peores) del neoliberalismo bananero mexicano llegó tan lejos!

Estados Unidos perdió la seriedad que le incumbe a una potencia que aspira al dominio global y, según *The Financial Times* en una nota del 30 de julio de 2008, su Consejo de Estandarización Financiera Contable (FASB, por sus siglas en inglés) concedió un año más de gracia a los insolventes bancos para reportar sus pérdidas ocultas en el "nivel 3" del orden de cinco millones de millones de dólares (trillones en anglosajón), que equivalen a 36% de su PIB y a más de cinco veces al de México.

Si se hicieran efectivas las reglas de transparencia que propuso el mismo FASB —hechas a la medida del tramposo sistema anglosajón, dizque para armonizar las reglas de los "Principios de Contabilidad Generalmente Aceptados" (GAAP, por sus siglas en inglés)—, pues emergería en forma diáfana la insolvencia financiera del neoliberalismo de Estados Unidos.

En la plenitud de su poderío global, Estados Unidos se dio el lujo de imponer unilateralmente su sistema de falsificación de datos económicos, como demuestra persuasivamente Kevin Phillips en su impactante libro *Dinero sucio: finanzas implacables, política fracasada y la crisis global del capitalismo estadounidense*, que revela el engaño de las estadísticas económicas y financieras pre y posneoliberales.

Kevin Philips, anterior asesor de Richard Nixon y el promotor de su "estrategia sureña" que empujó al Partido Republicano a la extrema derecha populista, afirma que la corrupción de los datos económicos forman parte de las contradicciones profundas de su país con el capitalismo global: exigidos por la concupiscencia de su plutocracia que abandonó sus reformas sociales de más de tres décadas con el objetivo de embarcarse en una "guerra unilateral de clases", que desembocó en una transferencia de riqueza sin precedentes de la población laboral a una diminuta elite gobernante que opera el axioma parasitario de "privatización de las ganancias y socialización de las pérdidas".

Con todo nuestro respeto a las lúcidas críticas del también colaborador de *Los Angeles Times*, nadie dice que esta situación aberrante ha sido posible gracias al paraguas militar que deberá ser motivo tanto del mayor escrutinio ciudadano como de una creciente democratización interna de las fuerzas armadas. ¿Qué sería de cualquier plutocracia, por más poderosa que fuere, sin su paraguas militar, doméstico y foráneo?

La degeneración economicista y su falsificación de datos han hecho posible la perdurabilidad de la plutocracia, una de cuyas consecuencias ha sido la disminución en 70% del presupuesto del seguro social, según Kevin Phillips.

Las tasas artificialmente bajas del desempleo y la pobreza (ambas dos veces mayores en realidad) han ayudado a comprimir las condiciones sociales y los parámetros de vida decente que pone en tela de juicio la axiología del modelo anglosajón.

Para llegar a esto, el autor de *Dinero sucio: finanzas implacables...* se centra en tres medidas: el índice de precios al consumidor (IPC), el PIB trimestral y la tasa de desempleo mensual. Todos los datos provistos oficialmente y difundidos profusamente han sido pura ficción. El desempleo real en Estados Unidos se ha ubicado entre 9 y 12%, y no corresponde al 5% proclamado. La inflación ha oscilado entre 7 y 10%, y no en 2 y 3% difundidos. El crecimiento económico real ha sido de un magro uno por ciento, y no del 4% decretado.

Ahora Kevin Phillips ilustra que la corrupción de las estadísticas oficiales de Estados Unidos data de 50 años atrás.

John F. Kennedy inició los cambios en la medición del desempleo: los expulsados en la industria del acero y el sector automotriz cesaron de ser considerados como desempleados al ser insertados en la nueva categoría de "empleados desalentados (*sic*)".

Para encubrir el creciente déficit presupuestal, Lyndon Johnson aplicó el concepto de "presupuesto unificado", que combinaba el "seguro social" a otros gastos.

Con Nixon, Arthur Burns, gobernador de la Reserva Federal, inventó la "inflación básica" (*core inflation*) que excluye los alimentos y la energía considerados "volátiles". ¡Así nunca va a existir inflación!

Con Reagan se suprimió a la vivienda del IPC mediante la medición peregrina de la "renta equivalente del propietario" para disminuir en forma artificial el costo inmobiliario. Peor aún: Reagan incluyó al ejército como parte de la fuerza laboral, para abatir el desempleo.

Con *Daddy* Bush, su consejo de asesores económicos propuso el recálculo de la inflación mediante una mayor ponderación a los servicios y al menudeo, que implementó Clinton. Este último con acrobacias contables "urbanas", pretendió reducir el desempleo racial de los afroestadounidenses.

Así, durante dos generaciones, desde Kennedy hasta *Baby* Bush, los gobiernos y los economistas pre y posneoliberales intentaron combatir la inflación mediante triquiñuelas aritméticas. El problema no reside en la pertenencia partidista, sino en el sistema plutocrático consustancialmente corruptógeno.

El rebelde del Partido Republicano, Kevin Phillips, es muy severo con el gobierno Demócrata de Clinton, a quien critica sus tres otros "ajustes" al IPC: la "sustitución del producto" (la hamburguesa más barata sustituye al filete), la "ponderación geométrica" (los bienes y servicios que aumentan rápidamente sus costos son consumidos en menor cantidad, por lo que son ponderados a la baja) y el "ajuste hedónico" (la mejor calidad de algunos productos y servicios se traduce en una reducción de su costo efectivo).

Explaya que todas estas modificaciones manipuladas constituyen la Biblia de la Oficina de Estadísticas del Trabajo (BLS, por sus siglas en inglés).

Insatisfecho con la crítica demoledora de Kevin Phillips, Peters Daniels fustiga su ignorancia del crecimiento explosivo de la población carcelaria de Estados Unidos en los recientes 30 años: 2.3 millones frente a una fuerza laboral de 153.1 millones, lo que mantiene artificialmente baja la tasa de desempleo oficial, y fulmina con que el "ejercito y el sistema carcelario han reducido quizá (sic) al desempleo oficial en 2 por ciento".[19]

Queda así destrozado el mito de las asombrosas y "precisas" estadísticas del capitalismo anglosajón con las que nos engañaron durante medio siglo

9. ESTADOS UNIDOS: LA MAYOR NACIONALIZACIÓN BANCARIA DE LA HISTORIA

La prensa británica en forma unánime calificó el rescate muy cantado de Fannie Mae y Freddie Mac,[20] las dos gigantescas y dantescas paraestatales hipotecarias, como una "nacionalización bancaria" a un costo inicial de 200 mil millones: la mayor en la historia de Estados Unidos y el mundo.

Más que una "nacionalización" al estilo texano ("privatización de las ganancias y socialización de las pérdidas"), se trata de una genuina "estatización" que intenta ocultar Estados Unidos y sus mendaces multimedia para no generar una pandemia estatizante en el globo.

Fannie y Freddie eran controladas con el capital mayoritario del gobierno y cotizaban en la bolsa de valores en el más depurado estilo especulativo anglosajón, contando con accionistas domésticos y foráneos (en especial los bancos centrales de China, Japón y Rusia).

Alrededor del año 2000 Bajo la Lupa había señalado la inviabilidad financiera de Fannie Mae y Freddie Mac, las dos paraestatales que manejan la mitad de las hipotecas (¡seis veces el PIB de México!) del total de 12 millones de millones de dólares (trillones en anglosajón).

Hay que reconocer que las piromaníacas autoridades hacendarias bushianas lograron prolongar la agonía y luego el embalsamiento secreto de dos gigantescos cadáveres cuyo reciente mefitismo era ya imposible de esconder. El rescate se debió a las estridentes advertencias del gobierno chino (muy parco en hablar) unos días antes.

[19] WSWS, 2 de junio de 2008.
[20] Véase *La Jornada*: Bajo la Lupa, 13 de julio de 2008.

Henry *Hank* Paulson, secretario bushiano del Tesoro y anterior mandamás de Goldman Sachs, el mayor banco de inversiones del mundo, conoce como pocos los alcances financieros de China, que en estos momentos posee las mayores reservas de divisas del mundo —más de 1.8 millones de millones de dólares (trillones en anglosajón)—, y se ha convertido en el principal acreedor de la deuda externa de Estados Unidos (en Bonos del Tesoro y en bonos de Fannie y Freddie).

Saskia Scholtes y James Politi del *The Financial Times* avisaron el 28 de septiembre de 2008 que el Banco de China, el cuarto de ese país (según Bloombeg es el "tercero", lo que demuestra que hasta las agencias financieras de noticias anglosajonas están de cabeza), "había huido de Fannie y Freddie" al haber recortado a una cuarta parte la tenencia de sus bonos desde junio.

La angustia se había apoderado de los inversionistas asiáticos en general, habituados a comprar en promedio 240 mil millones de dólares de deuda de las agencias gubernamentales, que, además de Fannie y Freddie, incluyen a Ginnie Mae y al Federal Home Loans Bank, los que representan en totalidad de endeudamiento más del doble del adeudo anual de los bonos del Tesoro (111 mil 120 millones de dólares).

No se salva nada, se controlan los daños irreparables. Al contrario, tal "rescate multimediático" profundiza la crisis de la economía de Estados Unidos y del agónico dolarcentrismo. Para colocar en la picota una vez más la mendacidad contable de ese país, lo interesante radica en la "fuga" sincrónica del Banco de China cuando en la bolsa neoyorkina las dos paraestatales, hoy quebradas, alardeaban 15% de ganancias al segundo trimestre de 2008.

A mediados de agosto de 2008, Yu Yongding, consejero del banco central chino (Banco del Pueblo de China), emitió una severa advertencia a Estados Unidos:

> si el gobierno permite la quiebra de Fannie y Freddie y los inversionistas internacionales no son compensados adecuadamente (¡súper *sic*!), las consecuencias serían catastróficas (¡extra *sic*!). No será el fin del mundo, pero sí del presente sistema financiero internacional".[21]

[21] *The Privateer*, agosto de 2008.

De dos males, el menor: el régimen torturador bushiano no tuvo más alternativa que nacionalizar, mejor dicho estatizar, para mantener a flote al sistema financiero anglosajón del dolarcentrismo en plena desintegración. Un día vamos a amanecer con la noticia de que el dólar estadounidense no vale nada.

Por su parte, John Gapper en su blog de *The Financial Times*[22] expresó que el gobierno de Estados Unidos rescató más bien a los "inversionistas extranjeros" (los bancos centrales y sus fondos soberanos de riqueza) que a sus propios ciudadanos, quienes emergen como los principales perdedores (además de los contribuyentes).

A reserva de creer la contabilidad teológica de Estados Unidos (en Bajo la Lupa desde hace mucho leemos las cifras del gobierno bushiano al revés, en similitud a las mendacidades de los neoliberales mexicanos), el "Fondo" del FDIC contaba, en caso de ser verdad, con 45 mil millones de dólares para respaldar únicamente 4.5 millones de millones de dólares (trillones) de los depósitos asegurados, es decir, prácticamente nada.

En Alemania las crueles apuestas corren en determinar si serán cinco mil o seis mil los bancos por quebrar en Estados Unidos. Una lista tan "secreta" del FDIC, que hasta Bajo la Lupa está enterada de ella y circula en todos los cafés financieros, arroja mil 400 bancos (especialmente los "regionales") con "severos problemas" de "sequía crediticia".

Jim Rogers, inversionista y heredero de la fauna especulativa de George Soros (quien adquirió un paquete de 800 millones de dólares de Petrobras y espera ansiosamente la privatización de Pemex para adueñarse de los hidrocarburos de las "aguas profundas" del Golfo de México), comentó en forma sarcástica que el gobierno bushiano era "más comunista que China". Agregó exquisitamente que "este tipo de socialismo estadounidense está diseñado únicamente para los ricos" y vaticinó que el rescate de Fannie y Freddie estaba destinado al fracaso: "es pura locura, duplicaron la deuda nacional de Estados Unidos en un solo fin de semana para beneficiar a una bola de bandidos e incompetentes".[23] ¿No es, acaso, la misma insa-

---

[22] *The Financial Times*, 8 de septiembre de 2008.
[23] Yahoo News, 8 de septiembre de 2008.

nidad que practican los neoliberales panistas y priístas en México desde hace 27 años?

Ya que los "plutócratas socialistas" compiten por los récords de la historia, después del mayor rescate bancario viene la mejor broma financiera de todos los tiempos capitalistas: según el londinense *The Daily Telegraph*,[24] la Reserva Federal anunció "nuevas reglas (*sic*) para facilitar los empréstitos responsables (¡súper *sic*!)" de parte de sus bancos averiados. *Too little, too late*.

10. Banca de Estados Unidos: "día del juicio final" y su "establo de Augías"

Asistimos al "día del juicio final" de la muy cantada desintegración del sistema financiero del modelo neoliberal anglosajón. Pese a que la quiebra, aceptada semántica y legalmente bajo el capítulo 11 del legendario banco de inversiones Lehman Brothers, con 158 años de vida —representa la mayor en la historia—, no se compara en términos contables con la nacionalización (más correctamente dicho estatización) de las gemelas hipotecarias Fannie y Freddie.[25]

Los últimos en asombrarse de la desintegración del sistema financiero de Estados Unidos y la insolvencia bancaria de sus principales bancos de inversiones (bancos comerciales, como Bank of America, han soportado mejor las turbulencias hasta ahora) son los dilectos lectores de Bajo la Lupa, quienes habían sido advertidos con bastante antelación de la inviabilidad del monetarismo centralbanquista del modelo neoliberal anglosajón en implosión vertiginosa.

El FDIC, que dice disponer de miserables 50 mil millones de dólares para asegurar los pletóricos depósitos de los cuentahabientes, recurrió a empréstitos emergentes de la Secretaría del Tesoro cuando Goldman Sachs y Morgan Stanley, los dos últimos bancos de inversión que han sobrevivido, exhiben severo desfondamiento.

---

[24] *The Daily Telegraph*, 7 de septiembre de 2008.
[25] Véase *La Jornada*: Bajo la Lupa, 10 septiembre de 2008.

Pocos bancos se salvarán del *tsunami* financiero que vaticinó Bill Gross, mandamás de PIMCO, el todavía sólido fondo de pensiones de Estados Unidos. El oleaje arrasó hasta al Silver State Bank, de Nevada, donde Andrew K. McCain (hijo adoptivo del primer matrimonio del bélico candidato presidencial) formaba parte del consejo de administración.

En nuestro comentario semanal nocturno en Proyecto 40 advertimos el advenimiento del "lunes del agujero negro" que esperaba a Lehman Brothers en particular y a Wall Street en general. En un clásico "efecto dominó", la toxicidad financiera infectó con virulencia a los "intocables": Merril Lynch, rescatado por Bank of America (en "un acto de desesperación", según James Quinn de *The Daily Telegraph*, 16 de septiembre de 2008) y a la mayor aseguradora de Estados Unidos, AIG —beneficiada con el doble cobro de los seguros por la "demolición controlada", perdón, los atentados terroristas de las Torres Gemelas del *11/9*—, en busca de un salvador que le conceda un "crédito puente" por 40 mil millones de dólares y que parece va que vuela a la nacionalización (mejor dicho estatización).

Los "maestros del universo", como los catalogó el novelista Tom Wolfe, resultaron unos parasitarios mendicantes del dinero ciudadano en manos gubernamentales y el "maestro (*sic*) del universo", como el publicista del *establishment* Bob Woodward enalteció en forma ditirámbica al mago malhadado y malvado Alan Greenspan, ha sido degradado como el principal artífice de las mayores burbujas especulativas jamás vistas en la historia humana.

En reciente conferencia magistral que tuvimos el honor de impartir ("Burbujas, deflación financiera y estanflación económica") con nuestros amigos de la Unidad de Investigación de Economía Mundial del Instituto de Investigaciones Económicas de la UNAM, pusimos en relieve cinco características de la insolvencia bancaria anglosajona, extensiva al G-7: *1)* ausencia de confianza entre los mismos actores (ningún banco presta al otro por desconocer su estado contable verdadero); *2)* la sobresaturación del "nivel 3" (deudas impagables e incobrables), que rebasa en varios múltiplos a sus activos (en la época de mi abuelo esto significaba "quiebra"); *3)* la *megaburbuja* de los "derivados financieros" que en papel virtual andarían en una cifra *antigravitatoria*, desconectada de la realidad productiva en mil millones de millones (cuatrillón en anglosajón; 10 a la *quinceava* potencia) frente a 54.5 millones de millones de dólares (trillones en anglosajón; 10 a la *doceava* potencia) del PIB mundial, en valor nominal; *4)* la fase de desapalancamiento (*de-levereging*) de las finanzas desacopladas de la economía, y *5)* la toxicidad de los Credit Default Swaps (CDS), instrumentos especulativos muy complejos diseñados para proteger contra las quiebras y cuya insolvencia rebasa en cuatro veces el monto de los *subprime* (los créditos hipotecarios de baja calidad) que detonaron la sequía crediticia global.

La "geopolítica de las finanzas" nos enseña que en los recientes cuatro siglos los vencedores de las guerras (Holanda, Gran Bretaña y Estados Unidos) impusieron el modelo financiero que más beneficia a sus intereses (y sus capitales). La otrora superpotencia unipolar estadounidense llevó a extremos insostenibles la *desregulada* (sin supervisión gubernamental ni ciudadana) globalización financiera monetarista, fomentada por los bancos centrales del G-7.

Este modelo escatológico (en el doble sentido), mediante el cual la dupla anglosajona de Wall Street y *la City* se apodera(ba) de las joyas estratégicas de la "periferia subdesarrollada en finanzas", se acabó. Ahora se requieren los servicios de un Hércules posmoderno para limpiar los "establos de Augías", donde se acumularon las inmundicias del Olimpo financiero trasatlántico. Es altamente significativo que en el recientemente enunciado Índice del Desarrollo Financiero (obviamente apadrinado por el Foro Económico Mundial de Davos) ostenten los dos primeros lugares mundiales Estados Unidos y Gran Bretaña. México aparece en un triste lugar 43 (al nivel de Colombia y Kazajistán), pese a haberse convertido en una franquicia anglosajona y en un territorio inexpugnable de Goldman Sachs (con ramificaciones en Banca Mifel), gracias a las maquinaciones de los hermanos Werner Wainfeld (Martín, como deudor, y Alejandro Mariano, acreedor): los diabólicos creadores de los pagarés del Fobaproa que aniquilaron a la banca nacional desde sus puestos en las secretarías de Hacienda neoliberales priísta-panistas.

La aniquilación de 92% de la banca de México es catalogada por los neoliberales priístas y panistas como un "éxito", aclamado por los *loro*cutores del sistema (en realidad éstos son unos lastimosos *empleaditos*: el problema proviene del inmundo sistema de concesiones y sus agraciados). Un "éxito": hasta la fecha no se realiza la auditoría del Fobaproa/IPAB (en el que participó destacadamente Calderón, a quien le fascinan las "emociones fuertes"). Un "éxito": México, donde hay que leer al revés las noticias reguladas por el totalitarismo vigente, se quedó sin banca.

La carnicería del "lunes del *agujero negro*" no nos provoca ningún *Schadenfreude* (placer que estimula la desgracia ajena) de la literatura alemana. Al contrario: frente al *Fin de una era* (título premonitorio de este libro publicado en su primera versión en Argentina, en 2007) de la unipolaridad de Estados Unidos y su *dolarcentrismo*, el grave problema yace en la ausencia de un sistema financiero alternativo creíble que urge establecer con bendición multipolar.

11. EL CONSEJO DE INTELIGENCIA NACIONAL (NIC)
ADMITE EL FIN DEL DÓLAR Y LA GLOBALIZACIÓN

El Consejo de Inteligencia Nacional (NIC, por sus siglas en inglés), que supervisa a los diversos servicios de espionaje de Estados Unidos, publicó a fines del 2008 su reporte cuatrianual "Tendencias globales 2025: un mundo transformado", en dónde habla del probable destino de Estados Unidos en los próximos 17 años, y en el que asienta su decadencia y el doble fin de la globalización y la hegemonía del dólar, en medio de la consolidación del nuevo orden multipolar.

El reporte, dado a conocer por *The Washington Times*, periódico de extrema derecha vinculado al espionaje bushiano, colisiona frontalmente con su reporte hedonista de hace cuatro años que asentaba el orden unipolar.

Allí sustenta cuatro tendencias: *1)* "El sistema internacional entero" será "revolucionado" por los nuevos jugadores del BRIC (Brasil, Rusia, India y China) que tendrán mayor acceso a la tajada del pastel con nuevas reglas de juego y desafíos; *2)* "la transferencia sin precedentes de riqueza de Occidente a Oriente" (nota: la riqueza será "estatal"); *3)* "un crecimiento económico sin precedentes acoplado con mil 500 millones de seres humanos más que presionarán los recursos, primordialmente la energía, la comida y el agua, lo que incrementará el espectro de las carencias", y *4)* el potencial de conflicto y turbulencia política en el "Gran Medio Oriente".

Este es el cuarto reporte cuatrianual del NIC, dirigido por Thomas Fingar, quien durante una comida en el Washington Institute for Near East Policy comentó que su divulgación coincidía con la transición en la presidencia de Estados Unidos, por lo que algunos analistas lo han bautizado como la "hoja de ruta" de Obama, a quien le corresponde la apremiante tarea de administrar la decadencia, para no decir degradación, de la otrora superpotencia unipolar.

En su nueva versión, ahora de enfoque multipolar, el NIC predice el desvanecimiento del dominio económico y militar de Estados Unidos, y advierte sobre una carrera armamentista nuclear en el Medio Oriente (incluso con guerras nucleares).

Otra transformación fundamental versa sobre la energía, en un contexto de cambio climático, cuando Estados Unidos ha perdido su hegemonía global al unísono del fin de las reservas disponibles de petróleo. El NIC prácticamente coloca la decadencia de Estados Unidos a la par de la pérdida de su control sobre los hidrocarburos del planeta (tesis avanzada por Bajo la Lupa).

Cabe señalar la grave equivocación de su reporte de hace cuatro años sobre la energía, cuando aseveró que "existía en el terreno suficiente petróleo para atender la demanda global", en contraste con el reciente reporte que ubica al mundo "en medio de una transición a combustibles más limpios".

El reporte afirma que:

> la transición energética, de los combustibles fósiles a fuentes alternativas, es inevitable" [y que] las únicas preguntas son cuándo y cómo ocurrirá tal transición [que] probablemente será en 2025 gracias a una innovación tecnológica que provea una alternativa al petróleo y al gas natural, pero cuya implementación se encuentra atrasada debido a los costos obligados de infraestructura y a la necesidad de un mayor tiempo de remplazo.

¿Cuál será, entonces, el destino de las depredadoras petroleras Exxon Mobil, Chevron Texaco y Conoco Phillips? ¿Cómo van a reaccionar las potencias petroleras estatales de Rusia y el Golfo Pérsico ante la unilateral transición energética de Estados Unidos?

Por lo pronto, Henry Kissinger ha invitado a China a crear un acuerdo bilateral sobre energía con Estados Unidos, que dejaría aisladas a la OPEP y a Rusia, lo que en la práctica significa un sonoro *casus belli*.

No lo dice el NIC, pero la sombra de la derrota militar del régimen torturador bushiano en Irak, al no haber podido capturar su vellocino de "oro negro", transformó radicalmente la geopolítica de los hidrocarburos en el mundo.

El NIC desecha la capacidad de la ONU para llenar el vacío dejado por el declive del poder estadounidense y adelanta el fin del dólar y su papel hegemónico, en medio del ascenso del "capitalismo de Estado" que aniquilaría a la globalización:

> el nuevo sistema de gestión económica otorgará un papel prominente al Estado. Los países serán atraídos por los modelos de desarrollo alternativos de Rusia y China [mientras el dólar] podría perder su estatuto de moneda de reserva global sin paralelo, para convertirse en la primera entre iguales, en un mercado con una canasta de divisas que obligará a Estados Unidos a considerar con mayor cuidado cómo conducir una política exterior que afecte al dólar.

Ni más ni menos que nuestra tesis sobre la multipolaridad de las divisas cuando emerge en forma diáfana que la verdadera hegemonía de Estados Unidos se centra en su dólar.

Por otro lado, el centro de pensamiento estratégico europeo De Defensa, pone de relieve, a fines del 2008,[26] el rol predominante que otorga el NIC a China y Rusia, y preveía tanto la reunificación de las dos Coreas como la carrera armamentista nuclear en el Medio Oriente. El centro europeo critica los hallazgos "muy convencionales que no aportan ninguna idea nueva" y que soslayan la "dinámica de las relaciones" con Rusia y China.

Llama la atención el entierro apresurado que procura el NIC a la Unióm Europea (UE), a la que califica de "gigante cojo" para 2025. Está bien que Estados Unidos se desplome, pero no necesariamente su corolario lleva al colapso similar de la UE que (como se detecta en el acercamiento de Francia, Alemania e Italia con Rusia), puede establecer nuevas alianzas euroasiáticas que no sean exclusivamente nortrasatlánticas.

---

[26] De Defensa, 21 de noviembre de 2008.

Mientras tanto, Julian Borger de *The Guardian*, comenta[27] que Estados Unidos busca situarse como el "primero entre iguales" (*primum inter pares*) en medio de un mundo "más fluido y equilibrado, que desecha como insostenible la era del unilateralismo bushiano" cuando ese país no dispondrá de mayor margen de maniobra "sin el apoyo de asociaciones poderosas (*sic*)". ¿Quién será el temerario masoquista?

Una grave carencia del reporte, que pasan por alto sus panegiristas y detractores, versa sobre la evaluación rigurosa de las finanzas y la economía estadounidense.

Será muy interesante revaluar el reporte después de que se asienten tanto el *tsunami* financiero de Estados Unidos como el hundimiento de su *Titanic* económico, con el fin de auditar qué quedó en medio de sus escombros.

12. ¿Empezó la desglobalización?

En 2009 fue notoria la sequía de ideas en el Foro Económico Mundial, celebrado en la necrópolis de Davos por la teología neoliberal que vive la primera fase (la negación) del "síndrome de estrés postraumático", antes de entrar a la otra fase de la doble depresión (la siquiátrica y la económica).

Con la esperada excepción de los guetos teológicos de los *friedmanitas* (e *itamitas* en México, controlados por los fracasados salinistas, zedillistas, aspianos y ahora calderonistas) concluyó el paradigma pernicioso del thatcherismo y su caricatura estadounidense *(reaganomics)* con su engendro teratológico tropical: el decálogo neoliberal del Consenso (*sic*) de Washington.

Mientras los pensadores lúcidos y los samaritanos del planeta se abocan a rehacer un mundo más viable y sustentable, habrá que vivir el calvario inevitable de la desglobalización. Sean O'Grady aborda sin complejos la desglobalización, su significado (a su juicio) y la razón por la que Gran Bretaña, la cuna del librecambismo y el neoliberalismo, "debe tener miedo".[28] ¿Cómo no va a tener miedo Gran Bretaña, un archipiélago de poco más

---

[27] *The Guardian*, 20 de noviembre de 2008.
[28] *The Independent*, 31 de enero de 2009.

de 200 mil kilómetros cuadrados (la décima parte de México), que dominó al planeta y vivió parasitariamente de él gracias a la triple imposición conjunta (colonial, militar y financiera) de su capitalismo radical que se subsume en el *desregulado* neoliberalismo global?

La desglobalización es mucho más profunda y extensa (no es unidimensionalmente mercantilista, como explayamos en nuestro libro *Hacia la desglobalización*)[29] que el reduccionismo operado por Sean O'Grady y que comprime a un vulgar "proteccionismo".

Aun en su edición reduccionista, y bajo la óptica exageradamente *anglocentrista*, es útil el abordaje de Sean O'Grady sobre la desglobalización: "Gran Bretaña tiene más que perder que la mayoría con el renacimiento del proteccionismo y la desintegración (¡súper *sic*!) de la economía mundial". Describe correctamente la dimensión cosmogónica (y agónica) de Gran Bretaña que se encuentra a la deriva: "una de las economías tradicionalmente (*sic*) más abiertas al exterior, un poder que construyó el mayor imperio que el mundo haya jamás visto, fincado en su comercio internacional".

Es cierto: Gran Bretaña no sería nada sin su comercio internacional y su legendaria piratería (marítima, económica y financiera). El libre mercado para Gran Bretaña es una necesidad aeróbica y ontológicamente geopolítica por la que se ha consagrado durante más de tres siglos a librar guerras globales con el fin de imponer su modelo parasitario al resto del mundo, que llevó a sus últimas consecuencias con el thatcherismo desbocado y su globalización *desregulada*, que la colocaron como el primer sitial de las finanzas globales (paradójicamente, con una economía cada vez más en declive).

Sin el parapeto del neoliberalismo global, Gran Bretaña está a punto de ser un país menos relevante y de perder su oxigenación financiera que consiguió a costa de la explotación de los países valetudinarios del planeta, aun al precio de guerras depredadoras: desde sus dos "guerras del opio" contra China, hasta sus recientes aventuras en Medio Oriente, al que dejó devastado después de su colonización.

[29] Jorale Editores/Orfila, 2007.

O'Grady expone que la "historia mercader (*sic*)" de Gran Bretaña la "dejó con una dependencia todavía importante en las exportaciones para su supervivencia (¡súper *sic*!) nacional económica". Es elementalmente entendible que sus ideólogos, desde Adam Smith hasta el thatcherismo, aboguen fanáticamente por el "libre mercado" (que ni es "libre" ni es "mercado"), su "razón de ser": "17% de la producción nacional deriva de bienes y servicios vendidos al exterior", en comparación con las otras dos potencias, Estados Unidos (7%) y Japón (10%).

Se desprende que Estados Unidos no depende tanto de su comercio con el exterior y que la globalización mercantil fue un contagio británico al que sucumbió teológicamente Reagan. Es decir: si Estados Unidos se protege, después de sus descalabros en todos los rubros de la globalización (la modalidad "financiera", por suicidio; la "mercantil" frente a China; la "energética" ante Rusia y los países del Golfo Pérsico, etc.) puede recuperar vibrantemente, como en el siglo XIX, cuando prácticamente era autosuficiente, su alicaída manufactura con el fin de crear empleos locales.

No sólo los sindicatos que apoyaron a Obama solicitan una fuerte tajada del paquete de estímulo económico para la manufactura estadounidense, sino también el vicepresidente Joe Biden que defendió las provisiones neoproteccionistas (en particular la compra del hierro y el acero de Estados Unidos) agregadas por el Congreso,[30] lo que erizó los cabellos de Gran Bretaña, Europa, Canadá y China.

O'Grady explica nostálgicamente de qué manera Gran Bretaña se benefició como nadie de la "integración transfronteriza de la globalización". Pues sí: "integración" para la *anglósfera* y "desintegración" para los demás, como México, el cual, en efecto, es el ejemplo perfecto del suicidio económico a partir de haber adoptado el neoliberalismo (en realidad, le fue impuesto a Salinas por *Daddy* Bush, después de su fraude electoral). Ya desde De la Madrid Hurtado, es decir, desde hace 27 años, no solamente se estancó en un mediocre "crecimiento" de 2% (el más bajo de Latinoamérica), sino que, peor aún, en su fase terminal, con el calderonismo (la condensación monstruosa del delamadridismo, salinismo, zedillismo y foxismo), ya entró al territorio negativo,

[30] *The Independent*, 2 de febrero de 2009.

con todo y su hilarante y delirante *gerenciocracia* (el "gobierno de los empresarios" parasitarios, al estilo Cemex).

¿Qué pasará con los flujos de capitales que solían refugiarse en Londres, ahora que su banca especulativa se encuentra postrada en la insolvencia? ¿Quién sustituirá sus servicios financieros, sus seguros y sus consultorías que se habían convertido en una adicción inescapable para los pobres de espíritu, quienes sucumbieron a la intoxicación de la desregulada globalización financiera? Con la inevitable desglobalización —sea en la acepción reduccionista y *anglocentrista* de O'Grady, sea en nuestra más amplia definición—, se mueren más de tres siglos de la tiranía teológica del libre-cambismo anglosajón.

Hasta hoy se pudo enterrar a Adam Smith, Margaret Thatcher, Fredrich Hayek (con su *clón* trasatlántico: Milton Friedman y sus *Chicago Boys*) y Tony Blair (con su alucinación efímera de la *tercera vía*). Lo más trágico es que en ese lapso nadie había conseguido asesinarlos: se suicidaron.

13. LAS EXEQUIAS DEL NEOLIBERALISMO GLOBAL

Desde *la City*, Martin Wolf, otrora fanático de la globalización y editor de Economía de *The Financial Times*, formula las exequias del paradigma que gobernó insensatamente al mundo durante tres décadas (en realidad, fue desde 1991, fecha del colapso de la URSS que dio pie al unilateralismo financiero global de la dupla anglosajona).

Wolf (*The Financial Times*, 8 de marzo de 2009), apologista inveterado del neoliberalismo global (publicó un libro *¿Por qué funciona la globalización?*, Yale University Press, 2004) justamente cuando el modelo había derrapado, comenta "las semillas de su propia destrucción" del neoliberalismo: "otro dios ideológico ha sucumbido".

A nuestro juicio, el problema radica en ubicar correctamente la fecha de las exequias del cadáver del modelo neoliberal, que pudieron haber sido en 1997 (quiebra de LTCM); en 2000 (ascenso al poder del bushismo unilateral); en 2001 (montaje hollywoodense del 11/9); marzo de 2004 (cuando British Petroleum delató que los ejércitos de la dupla anglosajona no podían controlar los pletóricos yacimientos de hidrocarburos de Irak), o el 15 de septiembre de 2008 ("quiebra" de Lehman Brothers).

Qué más da: en el lapso de los recientes 12 años, el modelo neoliberal global clínicamente estaba muerto, realidad lúgubre que se negaban a admitir, pese a su putrefacción universal, los financieros forenses de *la City* y Wall Street.

Wolf ejerce la función del anatomista patólogo que busca descubrir las causales de la defunción del pestilente cadáver.

Se pudiera alegar que con un lapso entre un mínimo de seis años y un máximo de 17, el capitalismo neoliberal sucumbió detrás del "socialismo revolucionario", como le llama Wolf.

Qué no habremos visto durante un siglo con la muerte de cuatro ideologías, para no decir teologías, totalitarias: el fascismo, el nazismo, el comunismo y ahora el neoliberalismo global. Definitivamente los humanos (de)pendemos de un hilo muy frágil para sobrevivir en medio de los totalitarismos teológicos de la historia.

Wolf asienta que

> los supuestos que gobernaron las políticas durante más de tres décadas, súbitamente (*sic*) están caducos, como el socialismo revolucionario [cuando] los gobiernos inyectan millones de millones de dólares, euros y libras para intentar rescatar sus sistemas financieros.

¿Y qué tal si regresa el "socialismo revolucionario"?

Con un retraso de casi tres décadas, Wolf se va a la yugular de Alan Greenspan, el culpable favorito, que ha sido colocado en la picota universal por haber propiciado y/o tolerado la mayor crisis financiera de la humanidad:

> alumno de Ayn Rand (nota: la teóloga esotérica del individualismo misántropo) y principal banquero central de la época, quien confesó en su testimonio ante el Congreso, el pasado octubre, encontrarse en "estado de choque e incredulidad" debido al fracaso del autointerés (*sic*) de las instituciones de crédito por proteger el capital de los accionistas.

Repite lo archisabido sobre el inicio del modelo neoliberal global con el ascenso al poder de Margaret Thatcher en

Gran Bretaña y Ronald Reagan en Estados Unidos, en medio de "cambios" en China e India que se voltearon más hacia el "mercado", lo que en su conjunto marcaba "la muerte de la planeación central", que llegó a su paroxismo con la caída del comunismo soviético "entre 1989 y 1991". Esto es muy discutible, ya que China e India, más que desregularse al estilo sicótico anglosajón, se orientaron a "economías reguladas de libre mercado" (al estilo del añejo "PRI revolucionario", anterior al desviacionismo neoliberal que se inició con De la Madrid Hurtado y que prosiguieron Salinas y Zedillo: los tres criptopanistas).

Wolf asevera que "el impacto de la crisis será particularmente severo en los países emergentes" y acepta que en medio de "una inmensa (*sic*) crisis financiera global y del desplome sincronizado en la actividad económica, el mundo está cambiando de nuevo". Si, como aduce, "el sistema financiero es el cerebro de la economía de mercado", entonces, el capitalismo anglosajón se encuentra totalmente descerebrado.

Confiesa su deriva mental: "es imposible (¡súper *sic*!) en este punto de inflexión saber adónde vamos". No se percata de que el mundo va que vuela a la desglobalización, a la regionalización nacionalista y al neoproteccionismo patriótico, como sostuvimos en nuestros libros premonitorios (*El fin de una era*, Libros del Zorzal, Buenos Aires, 2007, y *Hacia la desglobalización*, Jorale Editores/Orfila, 2007) con antelación al estallido del *tsunami* financiero global.

Arguye que

> la combinación del colapso (*sic*) financiero con una inmensa (*sic*) recesión, si no ocurre algo peor (léase: la gran depresión), seguramente (*sic*) cambiará al mundo. La legitimidad (*sic*) del mercado será debilitada. La credibilidad (*sic*) de Estados Unidos será dañada. La autoridad de China aumentará. La misma globalización puede irse a pique. Éstos son los tiempos de la revuelta.

¡Ah, caray!
Contempla la probabilidad de la desglobalización y una mayor regulación, y confiesa, muy a destiempo, que "la era de la liberalización contenía las semillas de su propia destrucción" para emprender su análisis forense que venimos asentando

desde hace más de diez años en el libro *El lado oscuro de la globalización: post-globalización y balcanización*, Editorial Cadmo & Europa, 2000.

Wolf argumenta que "el mundo de las pasadas tres décadas de liberalización financiera ha concluido", pero que, "a diferencia de la década de los treinta, no existe una alternativa creíble a la economía de mercado". Aquí discrepamos del fracasado teólogo del neoliberalismo global: en la geopolítica se generó un empate técnico entre Estados Unidos y Rusia, mientras en el ámbito geoeconómico el BRIC (Brasil, Rusia, India y China) va en ascenso, en detrimento del G-7.

El grave problema radica en el dolarcentrismo al que se ha aferrado la dupla anglosajona, como su último círculo de defensa para mantener su hegemonía global. Asistimos a la gran paradoja del dólar: una divisa prácticamente sin valor, pero todavía muy funcional, cuando las otras divisas del BRIC y de las regiones de las economías emergentes (Sudamérica, las potencias petroleras del Golfo Pérsico y el sudeste asiático) no son competitivas ni cuentan con divisas sustituibles hasta ahora.

Más aún: en su reciente boletín, GEAB (núm. 33) de LEAP/Europe 2020, expone persuasivamente la guerra de divisas que se escenifica en el marco de la cumbre del G-20 de Londres, cuando el eje anglosajón le ha declarado la guerra al euro.

14. ¿QUÉ SIGUE A LA BANCARROTA DEL CAPITALISMO NEOLIBERAL, SEGÚN HOBSBAWM?

Son tiempos de serenidad y meditación cuando los grandes pensadores (enfatizamos, primero, que sean pensadores" y luego, "grandes") del planeta ponderan los alcances de la desglobalización, como es el caso del historiador marxista británico Eric Hobsbawm en su luminoso articulo "El socialismo fracasó. Ahora el capitalismo ha quebrado. ¿Qué sigue?", publicado en *The Guardian* el 10 de abril de 2009, y que sintetiza así: "independientemente del *logo* (*sic*) ideológico que se adopte, el viraje del mercado libre a la acción pública necesita ser mayor de lo que los políticos captan".

Eric Hobsbawm no es un vulgar propagandista, como cierto tipo de seudo-historiadores mexicanos, quienes acaban haciendo publicidad de Cemex o se convierten en amanuenses del presidente en turno. Hobsbawm es considerado, con justa razón, el icono contemporáneo de la historia occidental del siglo XIX (y eso que es un fenómeno en su conocimiento del siglo XX).

Deja atrás el siglo XX, con todas sus calamidades, cuando "su idea básica que dominó la economía y la política desapareció patentemente en el desagüe (*sic*) de la historia", y critica que los humanos "no hayan aprendido todavía cómo vivir en el siglo XXI".

Demuestra que el pensamiento que dominó en el siglo XX "a las economías industriales modernas era, en términos opuestos, mutuamente excluyentes: capitalismo o socialismo" con sus respectivas economías, una descontrolada de libre-mercado capitalista (que "se derrumba ante nuestros ojos en la mayor crisis del capitalismo global desde la década de los treinta") y otra de planificación estatal centralizada (que "se derrumbó en la década de los ochenta, al unísono de los sistemas políticos comunistas europeos").

Aduce que la presente crisis es mucho mayor que la de los treinta debido a "la globalización de la economía, que no estaba tan avanzada como ahora, y que tampoco afectó a la economía planificada de la URSS".

Cuando "aún se ignora la gravedad y la duración de la presente crisis", lo seguro es que asistimos "al final del capitalismo de libre mercado que capturó (*sic*) al mundo y a sus gobiernos, desde Margaret Thatcher y el presidente Reagan". Pues sí: baste ver a la manada de neoliberales mexicanos como muestra de botón global.

Hobsbawm coloca de relieve la "impotencia" (*sic*) de los adherentes tanto a "un capitalismo de mercado, puro y sin Estado, un género de anarquismo burgués internacional", como a "un socialismo planificado descontaminado de la búsqueda del lucro privado". Ambos abordajes ideológicos se derrumbaron y ahora es tiempo de ver "al futuro que pertenece a las economías mixtas (*sic*) en las que se encuentran entrelazados lo público y lo privado". Cabe decir que la "economía mixta" es uno de los escenarios de nuestro libro *Hacia la desglobalización*, Jorale Editores/Orfila, 2007.

Considera que tal entrelazamiento de lo público y lo privado representa "un problema" para la izquierda contemporánea. No lo dice explícitamente, pero se deduce que a la "izquierda del siglo XXI" le urge salir de su confusión economicista en la que se entrampó para encabezar el movimiento de salvación de la biósfera y de todos los seres vivientes de la creación. Tal es, a nuestro juicio, la enorme diferencia entre una izquierda aldeana y acomodaticia que remeda la "competitividad" neoliberal, con la izquierda *biosférica* y humanista del siglo XXI, donde el ser humano prevalece, por encima de la entelequia del mercado, como el eje central de la ecuación integral de la creación.

El insigne historiador marxista no padece nostalgia por el socialismo soviético al que fustiga por sus "fallas políticas" y su "creciente lentitud e ineficiencia en sus economías", sin subestimar "sus impresionantes logros sociales y educativos".

Desde la caída de la URSS al presente, cuando "hasta los partidos socialdemócratas o partidos moderados de izquierda en los países del capitalismo norteño y *Australasia* estaban comprometidos al éxito del capitalismo de libre mercado", era "impensable que un partido o líder denunciara al capitalismo como inaceptable", lo cual se ejemplifica por el Nuevo Laborismo británico, de Blair y Brown, que son óptimamente descritos, "sin exageración", como "unos Thatcher con pantalones". Agrega que lo mismo se puede decir del Partido Demócrata de Estados Unidos. Lo más sencillo consistiría en regresar a la "caja de herramientas" del "viejo laborismo" y reiniciar las nacionalizaciones, "como si supiéramos qué hacer" cuando "aún se desconoce cómo superar la presente crisis".

A su juicio:

> una política progresista necesita más que una gran ruptura con las suposiciones económicas y morales de los pasados años treinta. Se requiere un regreso a la convicción de que el crecimiento económico y su afluencia constituyen un medio y no un fin. El fin es lo que se consigue en las vidas, en las transformaciones y en la esperanza de la gente.

¡Genial!

Enuncia lo que pudiésemos definir como uno de los preceptos del manifiesto humanista del siglo XXI:

III. TURBULENCIAS EN LA GLOBALIZACIÓN

La base de la política progresista no es maximizar el crecimiento económico y el ingreso personal, [que debe ser] aplicado primordialmente para lidiar con la crisis ambiental, lo cual, independientemente del *logo* ideológico personal, significa un mayor viraje del libre mercado hacia la acción pública.

La "prueba" de una política progresista "no es privada, sino pública, no solamente elevando el ingreso y el consumo para los individuos, sino ampliando las oportunidades" y lo que Amartya Sen denomina "las *capacidades* de todos a través de la acción colectiva", lo que significa una "iniciativa pública *no lucrativa*, incluso si sólo redistribuye la acumulación privada". Agrega una frase primorosa: "las decisiones públicas deben estar destinadas al mejoramiento social colectivo en el que todas las vidas humanas deben beneficiarse".

A nuestro juicio, al capitalismo neoliberal le falta la poesía que le sobra al socialismo *biosférico* y humanista del siglo XXI. El grave problema de la *desregulada* globalización radica en que los países son gobernados, no por estadistas, sino por *apparatchiks* de la *nomenklatura* contable y financiera de las trasnacionales depredadoras, actividades que en la historia de las grandes civilizaciones (términos que hay que rescatar frente a la devastación barbárica del neoliberalismo global) siempre fueron ocupaciones menores frente al generoso desprendimiento de la meditación filosófica y las invaluables aportaciones de la ciencia pura, que juntas condicionan la sapiencia universal.

La crisis de la *desregulada* globalización *financierista* es peor que el fracaso de un paradigma económico: es el derrumbe axiológico y metafísico de la otrora civilización occidental que feneció en los avernos especulativos de los Sodoma y Gomorra posmodernos de Wall Street y *la City*.